MÍDIA
e racismo

apoio

   **CERIS**

 UCAM
UNIVERSIDADE CANDIDO MENDES
PRÓ-REITORIA DE PÓS-GRADUAÇÃO E PESQUISA   THE WILLIAM AND FLORA HEWLETT FOUNDATION

MÍDIA e racismo

Silvia Ramos
organizadora

Rio de Janeiro/2007

Copyright 2002 © Pallas

Editor
Mariana Warth

Organização
Silvia Ramos

Produção Gráfica
Heloísa Brown

Preparação de originais
Eneida D. Gaspar

Transcrição do seminário
Liris Ramos de Souza

Revisão
Elizabeth Cobra

Projeto gráfico de miolo e capa
Anna Amendola

Foto de capa
Mila Petrillo
Espetáculo "Cobertores" da Companhia Étnica de Dança
Realizado no teatro Carlos Gomes em dezembro de 2000

Fotos de miolo
Cláudia Ferreira
Ierê Ferreira
Michael Ende

Fotolito de capa
Beni

CIP-BRASIL. CATALOGAÇÃO-NA-FONTE.
SINDICATO NACIONAL DOS EDITORES DE LIVROS, RJ.

M573 Mídia e racismo
1ª ed. Organização, Silvia Ramos. – Rio de Janeiro: Pallas, 2007
1ª reimp.

ISBN 978-85-347-0345-1

1. Comunicação de massa e relações raciais – Brasil. 2. Racismo Brasil. 3. Brasil – Relações Raciais. 4. Negros – Brasil – Condições sociais. I. Ramos, Silvia.

02-1458
CDD 305.896081
CDU 316.347(81)

Pallas Editora e Distribuidora Ltda.
Rua Frederico de Albuquerque, 56 – Higienópolis
CEP 21050-840 – Rio de Janeiro – RJ
Tel./fax: (021) 2270-0186
www.pallaseditora.com.br
pallas@pallaseditora.com.br

Sílvia Ramos : **introdução** : : : : : : : : : : : **6**

abertura : : : : : : : : : : : : : **14**
: Candido Mendes 16
: Julita Lemgruber 18
: Carlos Moura 20
: Benedita da Silva 22

a imprensa e o racismo : : : : : : : : : : : **26**
: Hildézia Medeiros 28
: Bernardo Ajzenberg 30
: Eduardo Henrique Pereira de Oliveira 36
: Miriam Leitão 42
: Sandra Almada 52

tv, cinema, teatro e dança : : : : : : : : : : : **60**
: Iradj Roberto Eghrari 62
: Joel Zito Araújo 64
: Carmen Luz 72
: Antônio Pitanga 78

música, expressões étnicas e raciais : : : : : : : : : **84**
: Sílvia Ramos 86
: Leci Brandão 88
: Rômulo Costa 96
: Liv Sovik 100

Doriam Borges : dados sobre cor e racismo no Brasil : : : : : : **110**
: O Brasil 112
: A pobreza tem cor no Brasil: é negra 113
: Ser e viver negro não é uma peripécia comum na vida ocidental 115
: A política pública de inclusão da população negra é a política penal 116

participações especiais : : : : : : : : : : : **120**
: Nilza Iraci e Marisa Sanematsu - Racismo e imprensa: como a imprensa escrita brasileira cobriu a Conferência Mundial contra o Racismo 122
: Iradj Roberto Eghrari: E o Seminário de Brasília gerou sua cria 152

participações musicais : : : : : : : : : : : **162**
: Afro Reggae 164
: Jussara Silveira 168
: Nara Gil 169
: Zezé Mota 170

ficha técnica do seminário mídia e racismo : : : : : : : **172**
: Organizadores 172
: Programa 173
: Quem é quem 175
: Sobre esta publicação 177

Silvia Ramos : introdução

A despeito de sermos o maior país do mundo em população afrodescendente fora do continente africano, o debate sobre as relações raciais nos diversos âmbitos da nossa sociedade tem sido, ao longo de décadas, tímido e hesitante.

Nas universidades, salvo entre os centros de pesquisa especializados nas questões raciais, os estudos tradicionalmente privilegiaram o enfoque das diferenças econômicas e "de classe" para explicar as desigualdades entre brancos e negros.

No âmbito das políticas públicas, programas de combate à "pobreza" sistematicamente substituíram políticas de reconhecimento das desigualdades de recorte racial. As desigualdades raciais, contudo, resistem a sucessivos planos econômicos, crises e ritmos de desenvolvimento e mostram-se quase intransponíveis. Até mesmo quando progressos são registrados para toda a sociedade, como é o caso do aumento geral de anos de escolaridade, a distância entre negros e brancos se mantém surpreendentemente inalterada. Salários diferentes para trabalhos iguais, dependendo da cor do trabalhador, são registrados até mesmo nas atividades agrícolas.

A lógica que identificou classe como sendo mais importante do que cor e etnia nas relações entre negros e brancos produziu, também na esquerda, uma cultura quase monolítica. Durante décadas o pensamento progressista dominante hesitou em admitir a existência de um problema racial brasileiro e recusou-se a descrevê-lo como um obstáculo que necessitaria de políticas específicas para ser superado.

Na tradição dos movimentos sociais, dos movimentos sindicais – rurais ou urbanos – e das organizações não governamentais que surgiram nos anos 1970, também se deu pouca atenção, até recentemente, para as especificidades raciais, seja na definição de estratégias diferenciadas de lutas, seja na discussão da presença do racismo no interior desses movimentos e organizações. O chamado "movimento negro" – e o movimento de mulheres negras – permaneceu por muito tempo como voz quase solitária, muitas vezes tida como impertinente, a reivindicar atenção da academia, dos governos e da sociedade organizada para as injustiças reproduzidas pelas diferenças raciais e para a necessidade de respeito às diferenças culturais.

> Em quase todas as esferas
> da sociedade brasileira,
> admitir a existência do
> racismo gera culpa,
> ansiedade, impotência,
> vergonha, raiva e
> negação.

Tanto no ensino como no sistema de saúde, nos quais nas duas últimas décadas empreendemos, como sociedade, importantes e profundas reformas, deixamos de discutir as especificidades raciais, não reconhecemos a presença do racismo nesses âmbitos e encontramo-nos despreparados para elaborar propostas de interrupção da reprodução das desigualdades e de valorização das diferenças. A falta de acúmulo de estudos sobre a especificidade das desigualdades raciais dentro das universidades e a falta de massa crítica para discutir esse assunto podem tornar-se um problema de difícil superação nos empreendimentos de adoção de cotas raciais que ora se iniciam. Por essa razão, é preciso estar atento no monitoramento dos programas de ação afirmativa nas universidades, em relação às dinâmicas internas e sutis de reprodução das desigualdades em cada curso, em cada universidade, em cada estado.

No âmbito do sistema de justiça criminal (polícia, ministério público, justiça e sistema penitenciário), em que o recorte racial é dramático tanto do lado da vitimização letal, quanto no ingresso desproporcional de negros no sistema penitenciário, as pesquisas são insuficientes e irregulares, a literatura é escassa e as políticas públicas sensíveis ao problema racial são inexistentes.

A polícia, mesmo tendo em sua composição um expressivo número de policiais afrodescendentes, inclusive em postos de alto comando – como é o caso da Polícia Militar do Rio de Janeiro, por mais de uma vez liderada por um comandante geral consciente e orgulhoso de sua negritude –, tem sido mais do que hesitante na adoção de políticas de combate ao racismo nas ações policiais. Em minha experiência pessoal de implantação de programas de proteção a minorias na área da segurança pública, observei que policiais experientes são tomados de profundo e verdadeiro constrangimento ao serem convidados a discutir a existência de filtros e parâmetros raciais na relação entre polícia e população, e dentro da polícia. Nesta, como em quase todas as esferas da sociedade brasileira, admitir a existência do racismo gera culpa, ansiedade, impotência, vergonha e raiva; e, de novo, negação. Os dispositivos de ocultação da problemática racial na polícia são similares aos acionados historicamente na sociedade, mas os efeitos na esfera da segurança pública são mais catastróficos.

> Discutir as dinâmicas da
> mídia frente às questões
> de raça e etnicidade é,
> em grande medida,
> discutir as matrizes do
> racismo no Brasil.

A despeito das evidentes e generalizadas práticas discricionárias de polícia em relação à população negra, em especial em relação à juventude negra, uma espécie de pacto de silêncio sobre o problema do racismo tem sido preservado na corporação, a ponto de muitas vezes faltar a oficiais esclarecidos vocabulário para o diálogo franco (a tibieza no uso de expressões como moreno, pardo, policial de cor etc., possivelmente recalca o uso corrente de expressões como "crioulo", "negão" e outras, tanto no interior dos quartéis quanto na rua). Notei, surpresa, que a admissão do racismo na prática policial é de tal forma problemática que chega a ser menos penoso, para alguns oficiais superiores, reconhecer e enfrentar outros temas tabus, como a homofobia e a misoginia.

Na última parte dos anos 1990, contudo, o enfrentamento dos temas das desigualdades raciais, em diversos âmbitos, sofreu alterações importantes, sobretudo, e em primeiro lugar, no que diz respeito à ampliação do reconhecimento do racismo na origem das desigualdades; e, em segundo lugar, na identificação de um racismo brasileiro, que se estruturou de forma particular, distinto em aspectos importantes do racismo verificado em outros países com expressiva presença de comunidades afrodescendentes, como é o caso dos Estados Unidos, ou de países onde as desigualdades raciais se estruturaram a partir da lógica do *apartheid*, como é o caso da África do Sul.

Meios de comunicação, silêncio e invisibilidade

Discutir as dinâmicas da mídia frente às questões de raça e etnicidade é, em grande medida, discutir as matrizes do racismo no Brasil. Os meios de comunicação são, por assim dizer, um caso-modelo de reprodução da nossas relações raciais.

Tanto quanto na sociedade, ou até mais intensamente, prevalecem nos meios de comunicação – ainda que combinados a outros mecanismos – os dispositivos da denegação, do recalque, do silêncio e da invisibilidade. O racismo não se reproduz na mídia (nem, via de regra, em outros âmbitos da sociedade brasileira) através da afirmação aberta da inferioridade e da superioridade, através da marca da racialização, ou de mecanismos explícitos de segregação. O racismo tampouco se exerce por normas e regulamentos diferentes no tratamento de brancos e negros e no tratamento de problemas que afetam a população afrodescendente. As dinâmicas de exclusão, invisibilização e silenciamento são complexas, híbridas e sutis, ainda que sejam decididamente racistas.

Além de ser um caso exemplar dos mecanismos de reprodução das relações raciais, a mídia desempenha um papel central e único na produção e manutenção do racismo. Através dos meios de comunicação, especialmente dos meios de massa, como a televisão e o rádio, as desigualdades raciais são naturalizadas, banalizadas e muitas vezes racionalizadas. Em grande medida, através da mídia de massa as representações raciais são atualizadas e reificadas. E dessa forma, como "coisas", circulam como noções mais ou menos comuns a toda a sociedade e como idéias mais ou menos sensatas.

A mídia tem ainda, por sua presença na vida brasileira – e também por sua proximidade com a cultura e as artes –, uma terceira característica importante no debate sobre o racismo e sobre os caminhos brasileiros para a sua superação. Os meios de comunicação são, ao mesmo tempo, instrumentos poderosos de criação e veiculação de paradigmas alternativos. Nenhum processo cultural de superação do racismo, de combate aos estereótipos e de luta contra a discriminação será realizado sem os jornais, a televisão, as artes, a música. Por essa centralidade – e a despeito de ter sido até recentemente pouco explorada pela militância anti-racista –, a mídia tende a ter cada vez mais, na sociedade brasileira, um papel vital na construção de saídas capazes de reduzir a exclusão racial.

> Nenhum processo cultural de superação do racismo, de combate aos estereótipos e de luta contra a discriminação será realizado sem os jornais, a televisão, as artes, a música.

Olhares, depoimentos, experiências e análises

O presente livro é o resultado da participação de profissionais, pesquisadores e artistas com diferentes inserções no mundo da mídia, da academia, da cultura e das artes, no Seminário Mídia e Racismo realizado na Universidade Candido Mendes em 21 de agosto de 2001. Às vésperas da Conferência Mundial da ONU contra o Racismo, a Xenofobia e Formas Conexas de Intolerância (realizada em Durban, na África do Sul, entre 30 de agosto e 7 de setembro de 2001), pedimos a eles que refletissem sobre o racismo e sua superação na imprensa, na televisão, no cinema, no teatro e na dança e que, finalmente, refletissem sobre o racismo e sua superação na música. Pedimos também que explicassem o intrigante silêncio da mídia brasileira, até aquele ponto, acerca da mobilização que se realizava na preparação da Conferência no Brasil.

Míriam Leitão, Bernardo Ajzenberg, Eduardo Henrique Pereira de Oliveira e Sandra Almada são profissionais situados em pontos diferentes da mídia impressa. Míriam, a partir da experiência como articulista de *O Globo* e apresentadora de programa da Globo News; e Bernardo, baseado no posto de *ombudsman* da *Folha de S. Paulo*, refletem sobre o desempenho dos grandes órgãos de comunicação, sobre as lógicas de evitação das questões raciais e especialmente sobre os mecanismos capazes de furar o bloqueio. Eduardo Henrique indica as novidades de um projeto que se desenvolve no contexto da Internet e Sandra Almada analisa o papel histórico da revista *Raça* no surgimento de mídias comprometidas com a visibilidade racial.

Joel Zito Araújo, Carmem Luz e Antônio Pitanga refletem sobre as relações raciais na televisão, na dança e no cinema. Joel Zito narra as pesquisas que deram origem ao livro e ao filme *A Negação do Brasil* e analisa a presença de atores negros em novelas de televisão ao longo de décadas. Carmem Luz expõe sua experiência na televisão e as perspectivas de trabalho de uma experiência única, a Companhia Étnica de Dança e Teatro, com jovens atores e dançarinos das comunidades do Andaraí, Borel, Formiga e Nova Divinéia, favelas do Rio de Janeiro. Antônio Pitanga, a partir de sua trajetória no Cinema Novo, indica os limites e potenciais pouco explorados do ator negro no cinema e na televisão.

Na última mesa do seminário, Leci Brandão, Liv Sovik e Rômulo Costa foram convidados a falar sobre música e expressões étnicas e raciais. Leci narra sua história dentro do mundo da escola de samba, na grande mídia e na música, enfatizando a tradição do samba e as novas parcerias com artistas do *hip-hop*. Liv, a partir de uma perspectiva acadêmica, apresenta um trabalho inspirado na experiência de um militante dos direitos civis norte-americanos que se encanta com a magia da música negra de Louis Armstrong. Rômulo Costa fala de sua trajetória como produtor cultural e promotor de bailes *funk*, que reúne a juventude da periferia e das favelas há mais de duas décadas no Rio de Janeiro.

O seminário foi encerrado por artistas e músicos. Parte das apresentações de Jussara Silveira e Maurício Pacheco, que apresentaram *Carapinha*, música de um compositor angolano que fala sobre a beleza de uma menina negra, e de Nara Gil, que contou histórias e cantou Caetano, estão registradas no livro. As letras e a presença dos meninos da Banda Afro Reggae inspiram fortemente as reflexões centrais deste livro, de que a arte e a criatividade da juventude negra que vive nas comunidades são caminhos vitais de superação do racismo. Zezé Mota, com *No woman, no cry*, quase como um ícone da presença da mulher negra nas artes, estende uma ponte entre duas gerações de artistas negros.

O livro conta ainda com dois textos produzidos após o Seminário. Nilza Iraci, coordenadora executiva do Geledés, Instituto da Mulher Negra, e Marisa Sanematsu, jornalista e membro da Rede Saúde, assinam um artigo que contém uma análise minuciosa de 36 dias de cobertura da imprensa escrita sobre a Conferência da África do Sul. Em outro texto, Iradj Eghrari, Secretário Nacional para Assuntos Externos da Comunidade Bahá'í do Brasil, descreve as principais indicações do Seminário "Racismo na mídia: verdades e mentiras" realizado em Brasília e inspirador do evento da Candido Mendes. O texto de Iradj traz também um sumário das contribuições de cada participante do seminário.

Doriam Borges, estatístico do Centro de Estudos de Segurança e Cidadania, da Universidade Candido Mendes, reuniu dados, frases e números da desigualdade racial no Brasil e os apresentou, na forma de *data show*, durante o Seminário. Essa coletânea de estatísticas e gráficos encontra-se reunida no livro.

Um Diálogo, um Seminário

Uma experiência inédita no mundo das ONGs, o "Diálogo para a Conferência Mundial contra o Racismo", esteve na origem do Seminário Mídia e Racismo. O Diálogo foi convocado pelo Ibase (Instituto Brasileiro de Análises Sociais e Econômicas) e o Cfemea (Centro Feminista de Estudos e Assessoria) através do Observatório da Cidadania e da Articulação de Mulheres Brasileiras, tendo reunido, pela primeira vez com o fim explícito de debater perspectivas na luta anti-racista, organizações do movimento negro e do movimento de mulheres negras com organizações não especializadas na questão racial, mas comprometidas com a luta contra o racismo. A idéia ousada do Diálogo era enfrentar um debate inúmeras vezes adiado e abordar, além de estratégias comuns para Durban, problemas delicados relacionados a diferenças de perspectivas entre a militância negra e a militância não-negra na luta contra o racismo.

Durante os dois dias intensivos de discussão do Diálogo, surgiu na mesa de almoço a idéia de realizarmos, no Rio de Janeiro, um Seminário sobre os meios de comunicação nas vésperas da Conferência da ONU. A idéia inspirava-se no Seminário organizado pela Comunidade Bahá´í do Brasil, Geledés e Escritório Nacional Zumbi dos Palmares na Câmara de Deputados em Brasília. A proposta de Hildézia Medeiros, então Coordenadora de Etnia, Gênero e Cidadania da Vice-Governadoria do Estado do Rio de Janeiro, encontrou o entusiasmo imediato de Iradj Eghrari da Comunidade Bahá´í, de Lúcia Xavier, de Criola – Organização de Mulheres Negras – de Nilza Iraci, de Geledés e de Átila Roque, do IBASE. Posteriormente, Cláudia Ferreira, coordenadora executiva do CACES (Centro de Atividades Culturais, Econômicas e Sociais) e Rosana Heringer, pesquisadora e professora da Universidade Candido Mendes, juntaram-se à força-tarefa que organizou o Seminário em tempo recorde.

Coordenar a realização do Seminário, a partir do Centro de Estudos de Segurança e Cidadania da Universidade Candido Mendes, com um conjunto heterogêneo de entidades que lutam contra o racismo e um órgão governamental, foi mais do que a experimentação de parcerias raras no mundo da universidade. Com o apoio da Pró-Reitoria de Pós-Graduação e Pesquisa e da Reitoria da Universidade, conseguimos organizar não só as mesas de debates, mas um grande show de encerramento. Ali demos início a parcerias que têm produzido novas articulações e novos compromissos na agenda de pesquisas do CESeC e da própria Universidade Candido Mendes.

Observando o trabalho da equipe do Centro de Estudos de Segurança e Cidadania, pude compreender como a temática do racismo é capaz de despertar vivamente o interesse de vários não-especialistas na questão racial. Além de produzir o evento, a equipe do CESeC passou a mobilizar-se no levantamento de dados sobre desigualdades raciais, a buscar uma estética afro-brasileira para os materiais de divulgação e uma linguagem comum à diversidade das organizações parceiras. O desafio de realizar o seminário provocou um diálogo dentro do próprio CESeC e foi pedagógico no sentido de obrigar-nos a compreender melhor como é difícil e necessário incorporar, no cotidiano da nossa instituição, a problemática racial.

Lélia Gonzáles, várias vezes lembrada no Seminário, repetia que *o importante é ser um negro em movimento*. Do ponto de vista da agenda do Centro de Estudos de Segurança e Cidadania para os próximos anos, este livro tem a virtude de colocar-nos em movimento para realizar pesquisas, em especial no âmbito da violência, da criminalidade e da justiça, que ajudem a desvendar e a descrever os mecanismos complexos disto que tantas vezes não ousa dizer seu nome, a reprodução das desigualdades raciais no Brasil.

> Este livro tem a virtude de colocar-nos em movimento para realizar pesquisas que ajudem a desvendar e a descrever os mecanismos complexos disto que tantas vezes não ousa dizer seu nome, a reprodução das desigualdades raciais no Brasil.

abertura : candido mendes : julita lemgruber : carlos moura : benedita da silva

Candido Mendes

Quero saudar todos os grupos e os grandes combatentes do movimento negro aqui presentes. Desejo deixar marcado o profundo agradecimento da Casa pela riqueza desta festa. Agradeço aos alunos da Universidade Candido Mendes e à mocidade universitária do Rio de Janeiro, que estão levando este nosso evento a buscar a fronteira do novo, do experimental, do que possa ser de fato revolucionário. Fico feliz de que possamos fazer isso, dando continuidade a uma tradição da Universidade Candido Mendes, que completa 100 anos em 2002, e que há quarenta anos criou seu Centro de Estudos Afro-Asiáticos, a partir da preocupação do então presidente da República com a busca de uma representação de Terceiro Mundo que começou a se organizar a partir das representações brasileiras na África. Desde então, nós efetivamente começamos a discutir o que seja um Brasil plural, capaz de realizar uma política à altura da sua verdadeira africanidade. O movimento afro-brasileiro começou a partir dessa idéia, desse pluralismo, dessa busca do movimento negro amplo, até chegar a este seminário. Uma festa conjunta, que incorpora o debate necessário às vésperas da Conferência Mundial sobre Racismo em Durban, na África do Sul.

Estamos levando à África do Sul uma mensagem do que é o Brasil hoje, a segunda maior nação negra do mundo, que só perde em população para a Nigéria. Estamos mostrando aquilo que efetivamente é hoje a nossa dominante racial: abandonando a antiga balela de que o Brasil era um país que estava embranquecendo, e mostrando que ele hoje está enegrecendo. O que eu quero salientar nesse quadro é a força da nossa presença na África do Sul, para, inclusive, levar o tema do racismo para fora das falsas discussões baseadas em falsos argumentos; para mostrar que o preconceito não está vencido na frase fácil, flácida, de que somos um país que resolvemos o preconceito racial. Pois o preconceito não se resolve enquanto o que é levado em conta na distinção da cor é somente a distinção entre quem a tem e quem não a tem. Pois quando entra em jogo a distribuição de riqueza, a discriminação também ocorre do ponto de vista da perversão das regras democráticas. E as novas gerações têm que estar preparadas, necessariamente, para resolver esse problema.

> Estamos abandonando a antiga balela de que o Brasil estava embranquecendo: o Brasil, hoje, está enegrecendo.

Novos desafios da luta contra a discriminação

Por outro lado, a reunião da África do Sul deve enfrentar outros problemas. Neste sentido, discutir a raça, discutir temas já resolvidos, temas até certo ponto já transformados em língua franca, faz com que esses outros assuntos sejam esquecidos. A África, hoje, vive a realidade de uma discriminação terrível, nova, emergente, aterradora dentro do seu território: a discriminação das vítimas da epidemia de AIDS nas nações africanas. Hoje essa doença está atingindo 40% da população abaixo do Saara. De que maneira o portador de AIDS pode transformar-se em cidadão na África? Em que termos, efetivamente, essa África que está morrendo vai, de fato, conseguir eliminar a discriminação dos que estão afetados por essa doença dentro do seu território? A Conferência da África do Sul vai enfrentar este problema e a impostura pela qual o G8 (grupo dos sete países mais ricos do mundo – Alemanha, Canadá, EUA, França, Inglaterra, Itália e Japão –, mais a Rússia) acaba de realizar uma caricatura de ajuda internacional. A Organização Mundial da Saúde nos diz que, para conjurar a AIDS, são precisos 15 bilhões de dólares em um prazo de três anos. Pois os senhores do G8, reunidos em Gênova, dedicaram um bilhão de dólares para efetivamente fazer algo mas, se esse bilhão já não é suficiente agora, nós vamos encontrar mais adiante a peste da virada do milênio ainda mais disseminada.

O problema hoje não é apenas o da África pobre, mas o da África mortalmente atingida na sua saúde. É este o problema que a Conferência da África do Sul vai encontrar. E é muito possível que a bela, mas um pouco cansativa oratória de vencer-se o racismo apenas comece a trabalhar a nova exclusão, em que a doença tomou o lugar da pobreza, piorando ainda mais o fosso da desigualdade.

Estes problemas mal começam a ser abordados, mas tenho a mais profunda convicção de que o embrião do debate está crescendo na força deste congraçamento e desta festa. Por isso, é para mim uma grande alegria convocar os participantes deste encontro para que iniciemos nossa reunião.

Julita Lemgruber

É uma grande satisfação para o Centro de Estudos de Segurança e Cidadania estar participando da organização deste evento. O CESeC vem dedicando uma atenção especial à questão do racismo no sistema de justiça criminal. Reflexos do racismo são encontrados em várias áreas da vida brasileira, mas, no sistema de justiça criminal, seu impacto é enorme.

Na Conferência de Durban, vou apresentar um trabalho valendo-me do limitado elenco de investigações sobre o tema no Brasil. Sem dúvida, o viés racial está presente nas várias instâncias do sistema de justiça criminal brasileiro e, por isso mesmo, Hédio Silva, jurista e militante do movimento negro, afirma, com propriedade, que a política de inclusão do negro na sociedade brasileira tem sido a política penal.

São reveladores, por exemplo, os resultados de pesquisa realizada em 1997 pelo Datafolha, que investigou a percepção da população paulista em relação à polícia e aos criminosos. Perguntados sobre que grupo lhes causava mais medo, se policiais ou criminosos, as respostas de brancos e negros foram muito distintas. Entre os brancos, 71% têm mais medo dos criminosos; entre os negros, 55% declararam temer mais a polícia.

> 71% dos brancos têm mais medo dos criminosos; 55% dos negros declaram temer mais a polícia.

> Negros são mortos pela polícia em proporção muito superior à sua participação na população.

Diferença de tratamento

Ignacio Cano demonstrou, em estudo publicado pelo ISER sobre a ação policial no Rio de Janeiro e em São Paulo, que tais números são plenamente justificáveis porque negros são mortos pela polícia em proporção muito superior à sua participação na população: exatamente, três vezes mais.

Em São Paulo, Sérgio Adorno, pesquisador do Núcleo de Violência da USP, demonstrou que o viés racial está presente nas decisões da Justiça paulista. Analisando casos de roubo rigorosamente idênticos, Adorno constatou que negros eram condenados em 68,8% dos casos e brancos em apenas 59,4% dos casos. No Rio de Janeiro, assim como em São Paulo, os negros estão sobre-representados na população prisional, pois constituem 40% da população do estado e 60% da população encarcerada.

Esses dados muito gerais indicam que é necessário, ainda, muito trabalho rigoroso de pesquisa para avaliar a dimensão precisa do impacto do racismo no sistema de justiça criminal brasileiro. Entre as pesquisas previstas nessa área, o CESeC vai desenvolver projeto para avaliar o racismo na primeira instância da justiça criminal, a polícia.

A mídia tem papel central nesse processo, não só por ser o canal de divulgação dos esforços de investigação, mas também porque ela pode ajudar a pautar a sociedade brasileira na luta anti-racista. E, no sistema de justiça criminal, essa luta tem que ser travada com toda a urgência que os dados revelam.

Carlos Moura

Permitam que eu manifeste a satisfação que sinto em poder partilhar dessa magnífica festa, realizada na Casa que sempre foi um fórum de discussão disponível para trazer à luz denúncias sobre o racismo, a discriminação e o preconceito que, lamentavelmente, ainda hoje afetam a comunidade negra. Trago para a discussão minha experiência pessoal, posto que tenho a atribuição de coordenar o Conselho da Comunidade de Brasília, órgão que tem por finalidade apoiar, defender e promover a ressocialização dos encarcerados, daqueles que por um motivo ou por outro ousaram ofender o Código Penal. Se é uma tarefa difícil defender e apoiar apenados, a responsabilidade de um afro-brasileiro é muito maior. Porque todos nós sabemos quão injusta é a pena, quão injusto é o inquérito, quão injusta é a cota do promotor, quão injusta é a sentença, quando se julga o não-branco.

Mídia e opinião pública

Este encontro leva-nos a uma profunda reflexão, no sentido de indagar o porquê da existência de uma sociedade que não se abre para o diferente; que se nega a aceitar e reconhecer os valores dos nossos antepassados que firmaram esta nação; que se nega a aceitar os valores de homens negros e mulheres negras, que constroem juntamente com outros povos a grandeza desse país. De uma sociedade que se nega a reconhecer que essa participação e essa contribuição negras se perpetuarão por intermédio das gerações que virão depois de nós.

Esta reflexão nos mostra que a sociedade tem uma responsabilidade muito grande e que, dentro da sociedade, grande parte da responsabilidade cabe à mídia. Porque houve quem dissesse que a opinião pública é aquela que se publica. Verdade ou mentira, seria muito bom, para a democracia nesse país, se a mídia pudesse aliar-se a nós do movimento negro, aos brancos e indígenas nossos aliados, em momentos de denúncia do racismo e do preconceito, e também em momentos de se apresentarem propostas concretas para a superação desse quadro de injustiça. Se a justiça social é responsabilidade do Estado, por intermédio de seu braço executivo, que é o governo, ou que são os governos, ela também é responsabilidade da sociedade representada por empresários, igrejas, entidades sindicais, associações civis e muitos movimentos e entidades que refletem o pensar e a segurança da sociedade brasileira.

Este deve ser um momento de profunda reflexão porque, se o Brasil comparecer à Conferência Mundial de Combate ao Racismo, à Discriminação Racial, à Xenofobia e a Outras Formas de Intolerância, levando um documento que, pela primeira vez, refletirá a trágica realidade da situação negra brasileira, é também preciso dizer que o Estado e a sociedade precisam dar um passo adiante, precisam caminhar com mais rapidez no sentido do estabelecimento de medidas compensatórias, no sentido da elaboração de mecanismos capazes, não só de superar o preconceito e o racismo, mas também de promover a igualdade. Mas este é também um processo de conversão para que o diferente possa ser aceito. Um processo de conversão que será realizado quando, por exemplo, nos estabelecimentos de ensino, os meninos e as meninas, negros e não-negros, puderem conhecer que os nossos antepassados chegaram aqui trazendo uma tecnologia de trabalhar o minério, um método de cultivar a terra com produtividade, escrita e leitura. Conhecer que, se este país é basicamente um país religioso, esta religiosidade, sem dúvida, tem como um dos seus pilares a espiritualidade trazida por nossos antepassados. E é por tudo isso que esta festa se reveste de grande brilho, de grande entusiasmo, porque tenho a certeza de que cada um dos aqui presentes celebrará um compromisso de carregar dentro de si um quilombo, como uma grande aliança com o movimento negro brasileiro.

> Meninos e meninas, negros e não-negros, precisam conhecer a história de nossos antepassados.

Benedita da Silva

Consideramos que este lugar é a nossa casa, pois aqui vários segmentos da sociedade têm se abrigado para discutir e formular políticas para tentar minimizar a situação constrangedora que vivemos em nosso país, gerada pela questão do racismo, da xenofobia e da intolerância.

Invisibilidade como instrumento de exclusão

Estamos aqui antecedendo a Conferência Mundial contra o Racismo, para a qual levaremos uma agenda brasileira a ser debatida, visando criar ações afirmativas para combater a xenofobia, a intolerância e o racismo no Brasil. Mas precisamos criar também parcerias que possam, nesta nossa trajetória, fazer com que as ações afirmativas verdadeiramente aconteçam. Também estamos aqui para dizer que não basta que os livros e os jornais publiquem que a maioria da população brasileira é de pessoas negras. E que digam que os negros e os indígenas formam a base de sustentação racial da composição étnica da sociedade brasileira. É preciso que haja visibilidade, e que tenhamos esta visibilidade, não pura e simplesmente com a criação de leis, que são necessárias e que devem ser efetivamente cumpridas, mas pela criação de mecanismos através dos quais o negro garanta a sua presença na universidade, a sua presença no meio de comunicação, a sua presença física também, e cultural, a sua expressão, a sua imagem.

A invisibilidade é uma das grandes crueldades do racismo. É lamentável que tenhamos que levantar bandeiras dessa natureza em uma sociedade que compreende e reconhece que negros, indígenas e brancos formaram a nossa civilização brasileira, mas que nos considera invisíveis e pensa que somos poucos, contáveis, identificáveis aqui e acolá, perdidos neste país, no Parlamento brasileiro, em uma Assembléia Legislativa, numa Câmara de Vereadores ou numa Fundação Palmares. A identidade brasileira, que é essa que nós queremos verdadeiramente constituir, precisa tornar-se totalmente isenta da necessidade, que ora aqui colocamos, de chamar a atenção para sua diversidade étnica e de lutar ainda pela igualdade de direitos entre seus componentes. Nós precisamos sentir na própria pele a necessidade de nos identificar

> A invisibilidade é uma das grandes crueldades do racismo.

como os seres humanos que somos e por isso lutar por nossos direitos, sem ter mais a necessidade de dizer: "Olha, sou negra, sou indígena, sou mulher e por isso eu preciso ter tais e tais direitos."

Nós acirramos os conflitos existentes ao não trabalhar contra a invisibilidade porque, se eu não me vejo, eu não sou nada; e se eu não sou nada, se ninguém se importa comigo, se eu não me importo com nada, para que eu preciso dos mecanismos e dos instrumentos de luta que já temos desde a colonização, que se perpetuam, mas que não nos dão visibilidade? Quanto nós lucraríamos se pudéssemos, positivamente, através dos meios de comunicação, expressar toda a importância desse povo, de suas manifestações culturais, de sua religiosidade, de sua grande contribuição intelectual, de seu próprio trabalho físico na construção deste nosso país! Mas, para que possamos, juntos, construir um mundo novo, de gente nova, com novas idéias, precisamos realmente combater o racismo, o preconceito, a xenofobia e a intolerância.

Visibilidade e luta contra o racismo

A Conferência Nacional contra o Racismo e a Intolerância (realizada na Universidade do Estado do Rio de Janeiro entre os dias 6 e 8 de julho de 2001) foi sem dúvida um grande instrumento, talvez o maior instrumento que nós já tivemos para o acúmulo das discussões em relação à questão racial no Brasil. Seu tema era xenofobia, intolerância e racismo. No seminário de hoje, entretanto, estamos indo além dos limites do que foi ali discutido. Estamos aqui abordando um dos itens mais importantes da agenda de discussões anti-racista; uma questão que não só faz com que o negro não apareça nos meios de comunicação, mas que cria a invisibilidade das necessidades desse povo, como bem colocou o nosso magnífico reitor, a respeito de doenças que hoje atingem principalmente a população negra, e que por isso estão em segundo plano na escala de prioridades das políticas de saúde, seja para o combate ou a prevenção. E é isso que queremos dizer quando nos referimos à invisibilidade. É exatamente isso que faz com que nós tenhamos que trabalhar para que a presença física do negro, além do seu

> A sociedade não pode
> excluir alguém por causa
> da cor da pele, do gênero
> ou da classe social.

conhecimento e da sua inteligência, esteja presente nas nossas universidades, que esteja presente nos lugares de decisão deste país. Por isso a visibilidade é importante. Porque nós queremos projetar essa imagem positiva de quem tem contribuído no dia-a-dia da sociedade, na história do país. E a Conferência foi capaz de dar conta desse debate em nível nacional, serviu mesmo como referência para a agenda de ações afirmativas do presidente da República, e também para que nós tenhamos agora um fórum nacional que envolva toda a população brasileira no combate à xenofobia, à intolerância e ao racismo. Não é uma tarefa dos negros, não é uma tarefa só das minorias, não é uma tarefa das pessoas portadoras de deficiência ou de necessidades especiais, dos homossexuais, das mulheres ou dos pobres. Todos nós temos uma responsabilidade nesse assunto.

E é por isso que estamos aqui hoje. Estamos construindo uma nova oportunidade para o nosso país, sobretudo para a nossa convivência. Nós precisamos dizer ao mundo a que viemos. E penso que temos essa oportunidade; mas sem visibilidade isso é impossível. Quero que meus netos possam realmente se orgulhar de ser o que são, negros, pura e simplesmente negros. E as mulheres se orgulharão, e as pessoas portadoras de deficiência, as minorias, os homossexuais, de ser exatamente o que são. Nós temos uma sociedade plural e não podemos de forma nenhuma eliminar, excluir ou deixar no anonimato uma pessoa por causa da cor da sua pele, do seu gênero ou da sua classe social. Sendo assim, eu aproveito este momento para pedir que os nossos debatedores, que vão trabalhar a questão da imagem, dos meios de comunicação e da raça, compreendam que nós somos a população brasileira, formada de negros, brancos e indígenas. E que a invisibilidade não traz nada positivo para a construção de uma sociedade de paz.

O Brasil tem leis, mas às vezes não lembramos como essas leis foram criadas, como o movimento negro contribuiu para que nós pudéssemos ter um ponto de partida no combate ao racismo. É importante trabalhar essa questão porque, evidentemente, as discussões acerca do processo revolucionário e ideológico, do que é uma revolução propriamente dita, não levaram em consideração, nos seus estudos teóricos, nem a política racial, nem a política de gênero. É essencial que um partido progressista não tenha seus negros e negras de aluguel, colocados em um determinado ponto por uma cabeça pensante qualquer. É preciso defender a política de combate ao racismo, à discriminação de gênero e outras situações semelhantes.

A invisibilidade é um dos maiores instrumentos para perpetuar o preconceito e o racismo no nosso país. Nisso está a pertinência em estar discutindo tal tema: este próprio acontecimento nada mais é do que a nossa visibilidade. E os meios de comunicação têm uma função e uma responsabilidade no que diz respeito ao combate à invisibilidade. Nós ainda observamos a invisibilidade do povo negro, mesmo que isso não ocorra com as suas lideranças. E é preciso que isso seja dito. É indispensável que haja uma visibilidade total. Eu acho que é uma contribuição para o debate. Porque, para que sejamos realmente ouvidos quando dizemos que a situação atual é muito difícil para nós negros, não basta a existência de uma produção intelectual sobre o tema, como não basta que a discussão exista dentro do movimento negro; é preciso também que tenhamos nossa visibilidade garantida nos meios de comunicação, para que os resultados desses trabalhos sejam percebidos por toda a sociedade.

> Os meios de comunicação precisam dar visibilidade ao movimento negro e à produção acadêmica sobre o racismo.

a imprensa e o racismo : hildézia medeiros : bernardo ajzenberg : eduardo henrique pereira

: miriam leitão : sandra almada

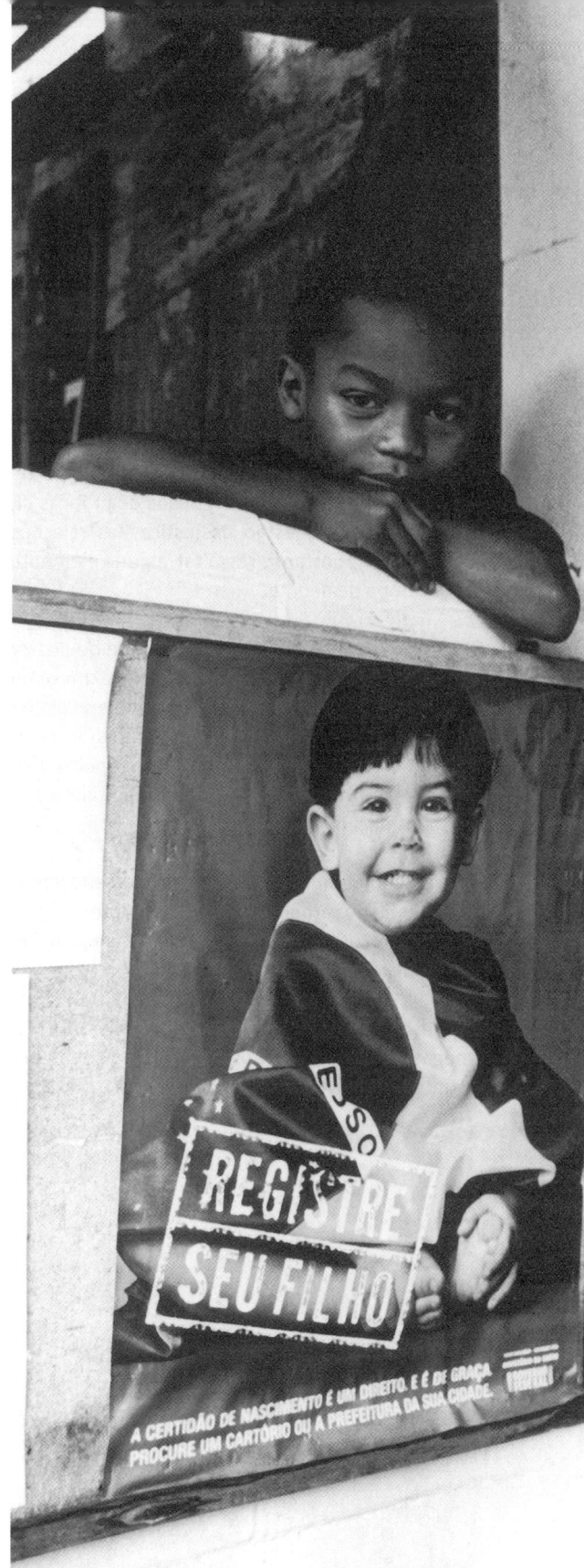

Hildézia Medeiros

No momento em que se coloca em discussão o papel exercido pela mídia na consolidação e reprodução ampliada de práticas discriminatórias, principalmente no que tange à questão da justiça nas relações raciais dentro da sociedade brasileira, é importante ressaltar alguns elementos que devem estar presentes neste campo de debate.

O primeiro deles é o reconhecimento de que os avanços na tecnologia da informação facilitaram o desenvolvimento de um sistema mundial de comunicações que transcende as fronteiras nacionais e exerce impacto sobre as políticas governamentais e sobre as atitudes e procedimentos adotados pelas sociedades, quer individualmente, quer pelos distintos grupos sociais. Daí, essa temática assumir uma importância capital no que diz respeito ao preconceito e à discriminação racial.

A percepção de que tão poucos afrodescendentes ocupam cargos proeminentes ou de chefia no campo da mídia é uma comprovação de que ainda temos um largo espaço a percorrer para que a democracia racial efetivamente se faça presente em nosso país.

Por outro lado, é necessário impedir a constante projeção de imagens degradantes e negativas em relação aos negros e indígenas, bem como é importante apontar distintos estilos de vida como *diferenças* e não apenas como *desigualdades*.

> O sistema mundial de comunicações exerce impacto sobre políticas governamentais, atitudes e procedimentos adotados pelas sociedades.

> É necessário impedir a constante projeção de imagens degradantes e negativas em relação aos negros e indígenas.

Pauta de ações

Certamente, a adoção de algumas medidas, quer por parte dos governos, quer por parte de setores organizados da sociedade civil, são de extrema importância para a concretização das chamadas ações afirmativas, ou seja, aquelas ações que visam a contribuir para diminuir a condição de desigualdade enfrentada pelos afrodescendentes e indígenas, notadamente as mulheres destes dois grupos étnicos.

Promover a participação plena e eqüitativa dos afrodescendentes nos meios de comunicação, inclusive na gestão e produção de programas; lutar para que haja uma distribuição eqüitativa dos postos decisórios nos governos e empresas; apoiar o desenvolvimento de meios de comunicação para difundir informação para, sobre e dos afrodescendentes; e, finalmente, fomentar campanhas que enfatizem a importância do engajamento na luta anti-racista, são tarefas democráticas que cabem a todos e todas aquelas que se sentem comprometidas com a construção de uma sociedade justa e com igualdade de oportunidades para todas as pessoas.

Bernardo Ajzenberg

Do ponto de vista da relação entre racismo e mídia, penso que o importante, antes de mais nada, é constatar que o racismo não está presente apenas em manifestações muito evidentes de intolerância, mas ocorre também de maneira subliminar e muitas vezes difícil de se captar, pelo menos por pessoas que não estão atentas a todo momento para esse assunto.

O racismo subliminar

A título de exemplo, quero registrar um fato curioso que saiu hoje (21 de agosto de 2001) no *Jornal do Brasil*. É um caso envolvendo um editor de uma revista de fofocas e celebridades de Hollywood. Esse jornalista e editor, que foi inclusive produtor de alguns filmes famosos, foi demitido do cargo que ocupava desde 1989, entre outros motivos, por causa de manifestações de racismo de sua parte, reproduzidas em outra revista de Los Angeles. Nessas declarações, ele fala sobre negros e homossexuais. Só para se ter uma idéia da sutileza com que o preconceito é expresso, ele diz o seguinte sobre os negros: *Você fala com muitos que são bem-educados, bem-sucedidos*. Esse mesmo editor fala que nos Estados Unidos é feita uma distinção entre as pessoas chamadas de *niggers* (negros, em sentido pejorativo), que são os moradores dos guetos, que mal sabem falar, que não conseguem emprego e se enterram em uma atitude de isolamento racial; e aqueles que são mais bonitos, bem-educados, inteligentes e que "fazem parte do mundo", a classe média negra, que se chama *afro-americana*. Esse obviamente foi um caso raro de punição do racismo, entre muitos que ficaram impunes. Gostaríamos que isso ocorresse com muito maior freqüência mas, de qualquer maneira, o fato ressalta que essa questão, realmente, tende a ganhar muito mais espaço do que ocorria anteriormente.

Para tornar mais claro o que pretendo dizer, quando afirmo que é preciso avaliar o desempenho da imprensa em relação a esse assunto, do ponto de vista subliminar, das coisas do dia-a-dia, e não necessariamente dos grandes temas, vou apresentar dois exemplos da própria *Folha de S. Paulo*, em que essa questão do racismo aparece de forma muito clara. Esses exemplos foram relatados no próprio jornal, pela *Coluna do Ombudsman*. Um deles ocorreu em 1999, e trata de um teste

> O racismo aparece na imprensa de forma subliminar.

que saiu na *Folha de S. Paulo*, um teste de brincadeiras para saber se o leitor conhece São Paulo, se é paulistano de verdade. Esse teste era ilustrado: cada questão a ser respondida tinha uma ilustração. E havia uma questão relativa à segurança ou, mais exatamente, sobre violência. Em relação à caracterização dos personagens do primeiro item do quadro, um leitor comentou: a vítima é uma mocinha branca, bonita, de cabelos claros, e o assaltante é um rapaz negro, com um revólver e óculos escuros. É apenas uma ilustraçãozinha, um daqueles desenhos aparentemente inocentes, que você coloca ali só para ilustrar uma pergunta; mas eu não preciso me estender aqui sobre o caráter racista que tem uma ilustração desse tipo, embora, explicitamente, o assunto não trate do racismo.

Um outro exemplo, também relatado na *Coluna do Ombudsman* no dia 5 de fevereiro de 2001, é sobre uma reportagem acerca de empresas que, no Rio de Janeiro, pagavam aos traficantes de drogas para garantir a segurança dos seus negócios. Dois casos foram relatados por meio de ilustrações. No primeiro, os funcionários de uma empreiteira, com obra em uma favela, acertam com o chefe local do tráfico o pagamento mensal de uma quantia em dinheiro. Quando desaparece uma britadeira, a empresa reclama. No mesmo dia, traficantes devolvem o equipamento e apresentam o responsável pelo furto. O segundo caso mostra uma estação de trem do subúrbio, um ponto de prostituição e venda de drogas, que se transforma em um local seguro depois que a concessionária da linha se entende com a associação de moradores local. Oito desenhos foram utilizados para ilustrar, em forma de história em quadrinhos, esses dois casos. Em quatro das oito ilustrações da reportagem, todos os criminosos são negros, e todas as pessoas "de bem" são brancas. Também não preciso me estender sobre o significado intrínseco dessa opção para ilustrar a matéria. Poderíamos encontrar muitos outros exemplos, em texto ou em ilustração, e até em fotos ou na publicidade, mostrando esse mesmo enfoque.

> A mídia precisa mostrar o que realmente acontece no país.

Luta contra o racismo na mídia

O que desejo discutir, partindo do princípio de que de fato a mídia reflete o que é a sociedade brasileira, ou seja, a mídia é também racista, é como se pode trabalhar, como se deve trabalhar essa questão na mídia, para que ela seja no mínimo debatida e, ao longo do tempo, superada. A primeira questão a ser colocada é a importância da transparência na discussão do assunto. Os jornais, as televisões, a mídia em geral precisa, de uma forma ou de outra, ser transparente com relação aos seus próprios erros, admiti-los, expô-los ao máximo, discutir isso publicamente da maneira que for, em seminários, artigos, teses, encontros. Quanto mais essa transparência for estimulada e realmente se fizer presente em termos práticos, mais a gente vai estar, enquanto mídia, contribuindo para uma discussão que obviamente não é só dos negros ou daqueles que sofrem discriminação, mas de toda a sociedade, porque uma sociedade que tem dentro de si a discriminação, é uma sociedade doente.

A segunda questão é a da cobertura, propriamente dita, dos eventos, acontecimentos, fatos, realidades que expressam a existência do racismo, seja no trabalho, na educação, em qualquer situação. A mídia deve estar atenta do ponto de vista de organização de pauta, de priorização dos assuntos de que vai tratar, procurando sempre buscar elementos concretos para mostrar, noticiar, informar sobre aquilo que acontece efetivamente no país. É a questão da invisibilidade que foi colocada aqui.

É preciso combater essa invisibilidade em três frentes. A primeira delas consiste na exposição das situações concretas onde aparece o racismo. A segunda inclui produzir artigos, divulgar contribuições de estudiosos do assunto, abrir espaço nas páginas para articulistas, debates etc., para que esse assunto, realmente, comece a aparecer mais. E por fim, a terceira frente está na cobertura de eventos como, por exemplo, a Conferência Mundial contra o Racismo, da qual nós falamos aqui, e como já foi dito, está quase esquecida pelos jornais.

Outro assunto que eu desejo destacar diz respeito ao papel das entidades em geral, ou seja, ONGs, partidos políticos e entidades ligadas ao movimento negro e a outros movimentos que lutam contra a discriminação, e que têm a função de exercer uma pressão permanente, constante, forte e intensa em relação aos meios de comunicação. A sociedade tem um papel decisivo no sentido de exercer essa pressão e cobrança em relação aos meios de comunicação. Porque não adianta achar que a mudança partirá dos meios de comunicação bonzinhos, qualquer que seja a sua intenção: mesmo que a mídia não seja necessariamente má, mesmo que ela seja positiva, não adianta ficar aguardando que uma mudança em relação ao racismo caia do céu, da boa vontade ou mesmo dos interesses econômicos que possam estar por trás de uma mudança desse tipo; porque, na melhor das hipóteses, eles fariam com que isso acontecesse mais lentamente do que pode e deve acontecer.

Sobre isso eu posso apresentar um exemplo da própria *Folha de S. Paulo*. No Seminário Mídia e Racismo, promovido recentemente pela Comunidade Bahá'í do Brasil, Cfemea (Centro Feminista de Estudos e Assessoria) e outras ONGs em conjunto com a Câmara de Deputados em Brasília, foi discutido o que está sendo discutido aqui. Eu fiz um relato à direção do jornal sobre o encontro e expressei a minha opinião de que o jornal não vinha dando grande cobertura para Conferência de Durban em relação aos outros assuntos. O jornal discutiu internamente a questão e, como resultado, passou a sair quase que diariamente algum material sobre essa conferência - mesmo que isso ainda não seja suficiente em relação ao que deveria sair. Não estou fazendo aqui um auto-elogio, porque o fato de eu ter feito aquela observação não derivou da minha boa vontade, mas do seminário anterior e da pressão que ele exerceu. Portanto, a mudança não é uma simples questão de vontades individuais, mas de organização e pressão organizada.

> A mudança não vem de meios de comunicação ou de indivíduos bonzinhos, mas da pressão organizada.

Liberdade de imprensa
é um direito social,
não um direito do jornalista.

Por isso é importante que, em um encontro como este, seja feita pressão. Porque a mídia, além dos interesses por trás dela, é feita, também, de pessoas. E essas pessoas, por mais que possam não parecer, são sensíveis a pressões. Pode-se chamar isso de *lobby* ou de qualquer nome que se queira, mas a pressão, no sentido democrático da palavra, vai ser melhor para o país, além de ser melhor para a própria imprensa e para todas as pessoas.

As questões relativas à solução do problema do racismo, de maneira geral, são extremamente complexas. Desejo enfatizar um aspecto que acho muito importante: trata-se da relação entre a imprensa e a sociedade, que é mais complexa do que pode parecer. O direito à liberdade de imprensa é equivalente ao direito à informação. Direito à informação não é um direito do jornalista, assim como a liberdade de imprensa não é uma liberdade para o jornalista. É um direito social, é à sociedade que pertence o direito à informação. Liberdade de imprensa é um bem social e diz respeito à existência ou não de democracia. Não é uma questão individual ou profissional, ou de ofício. Isso na minha opinião diz respeito, também, à questão do racismo no Brasil. Quando eu me referi a uma pressão exercida, estava falando de algo relacionado com isso. Penso que quanto mais a sociedade consegue exercer pressão sobre a mídia, mais a mídia vai ter percepção da sua própria responsabilidade. Hoje em dia ela tem essa percepção, mas mais pelo lado do poder do que pelo da responsabilidade, socialmente falando.

Um prêmio na mídia

Então, em relação à questão do racismo eu quero deixar aqui uma sugestão. Muitas atividades, até premiações, são planejadas para a imprensa que cobre, por exemplo, questões relacionadas à infância. Existem prêmios para os órgãos de imprensa que mais cobrem questões relativas ao trabalho infantil. Por que não pensamos em criar, mesmo que não seja imediatamente, um prêmio para a imprensa que mais cobre, decentemente, a questão do racismo no Brasil? Por que não criar um estímulo, que na verdade não é só um estímulo, mas uma pressão sobre os órgãos de imprensa, para que essa cobertura seja feita de forma mais condizente com a necessidade? Por que não criar formas de diálogo permanente com as entidades que dirigem os jornais, como a ANJ (Associação Nacional dos Jornais), a Associação Nacional das Editoras de Revistas, a ABERT (Associação Brasileira de Emissoras de Rádio e Televisão), entre outras? Por que não criar formas para exercer uma pressão a partir de cima, a partir dessas entidades, para que a imprensa realmente discuta a fundo a questão?

Enfim, acho que ainda existem questões que dizem respeito a um outro lado, principalmente ao fato de os negros se fecharem na sua própria comunidade. Isso não existe só em relação aos negros, é evidente, todo mundo sabe disso: várias comunidades tendem a se fechar, e isso não é bom para nenhuma delas. Obviamente, no caso dos negros, pelo grande peso da sua presença no Brasil, isso é ainda mais relevante, mas também diz respeito a essa articulação para a qual eu estou chamando a atenção, essa pressão política sobre a imprensa. Então um seminário como este, e outras formas de discussão ampla e de pressão sobre a imprensa devem ser feitas, independentemente da Conferência Mundial contra o Racismo que vai acontecer agora, porque, como já foi dito, a Conferência pode acontecer e depois passar e tudo terminar por aí, sem conseqüências. Mas eu acho que ela deve ser um ponto de partida para uma série de atividades conjugadas, que podem ser realizadas para que essa situação mude, pelo menos, do ponto de vista da mídia, que é o objeto desse nosso encontro.

Direito à liberdade de imprensa equivale ao direito à informação.

Eduardo Henrique Pereira de Oliveira

Faço parte de um jovem órgão de imprensa, uma revista *on-line* chamada Afirma. Como a Internet é algo ainda novo na nossa realidade, talvez o fato de eu estar ao lado de importantes órgãos da imprensa tradicional, como *O Globo* e a *Folha de S. Paulo*, já mostra o peso dessa novidade e fala das possibilidades que esse veículo, a Internet, traz para o mundo. Isso pode ser demonstrado pela própria história da Afirma, que começou com três ou quatro amigos, jovens profissionais da área de ciências sociais, tentando fazer alguma coisa relevante, querendo ajudar na construção de um mundo racialmente mais justo e equilibrado, dentro de um Brasil que, incrivelmente, não é justo nem equilibrado do ponto de vista racial.

A história da Afirma começou com a constatação de que podemos gerar informação com qualidade, e dar essa informação não só para os negros, mas para a sociedade brasileira como um todo. Mesmo tendo como público-alvo final o que definiu como "a população negra", ou mesmo se auto-identificando como uma revista negra, a Afirma provou que é possível trazer uma informação de interesse geral que não esteja nas páginas policiais, de entretenimento ou de esporte do jornal. É possível falar de política, de cultura, de arte, do cotidiano sem necessariamente reproduzir os estereótipos que estão por aí.

A postura da imprensa

Esta é a questão crucial. A imprensa no Brasil está longe de ser neutra e de olhar com imparcialidade a sociedade brasileira. Nós certamente sabemos disso e dizemos nos corredores o tempo todo que a imprensa e a mídia no Brasil estão a serviço, no mínimo, dos interesses de determinadas classes sociais e grupos econômicos. Mas, certamente, é espantosa a maneira como os órgãos de imprensa a princípio não enxergam um amplo setor, um grande grupo, uma parcela importante da população brasileira e, quando o fazem, fazem de maneira estereotipada.

No dia 20 de novembro de 1995, Dia de Zumbi, quando eram lembrados os 300 anos de sua morte, o presidente Fernando Henrique Cardoso foi para a Serra da Barriga e pela primeira vez o Estado brasileiro, através do seu presidente, reco-

> Uma revista negra pode trazer informação de interesse geral sem reproduzir estereótipos.

nheceu que existem mecanismos discriminatórios e que é necessário agir enquanto Estado, enquanto estrutura governamental, para corrigir parte decisiva das distorções resultantes desses mecanismos. No dia seguinte, 21 de novembro, *O Globo*, maior jornal do Rio de Janeiro, colocou na primeira página, em letras garrafais: "Governo dará privilégios a negro". A maneira de abordar o tema já mostra a disposição com que se pretendia discutir se há ou não há mecanismos de discriminação, se o Estado deve ou não deve intervir, se a sociedade tem ou não tem responsabilidade sobre o quadro que está aí. O título "Governo dará privilégios a negro" já mostra o posicionamento da matéria.

No último dia 12 (agosto de 2001), o jornal *O Dia* publicou a seguinte manchete: "Safári com verba pública – Câmara vai levar cinco vereadores a encontro contra o racismo na África do Sul". Esse título não mostra o fato de que, dos cinco vereadores em questão, quatro são negros e um é judeu. Ou seja, para o jornal, o fato de eles estarem participando da Conferência Mundial contra o Racismo não tem nada a ver com a atuação política ou com a origem racial e étnica deles. A maneira como a notícia é apresentada denuncia visivelmente a tentativa de colocar a opinião pública contra o fato de que cinco vereadores vão participar da Conferência. Penso até que se poderia discutir por que vereadores vão oficialmente, com a viagem paga pela Câmara Municipal. Mas a questão não é essa: o problema é como se quer passar a notícia, o que se quer dizer com ela.

Há um outro ponto a ser destacado em relação às notícias sobre essa conferência. Tenho a experiência de pelo menos seis anos de trabalho no IBASE (Instituto Brasileiro de Análises Sociais e Estatísticas). Lembro de todas as conferências do ciclo social da ONU. Lembro a maneira como foram para a imprensa as conferências de Beijin (Conferência Internacional da Mulher, em 1995), Copenhague (Conferência sobre Desenvovimento Social, em 1995) e Cairo (Conferência sobre População e Desenvolvimento, em 1994). Minha conclusão é que a ausência de cobertura da Conferência Mundial contra o Racismo não resulta da falta de interesse dos leitores pelo ciclo social de conferências da ONU, pois o jornalista pode estimular o interesse pelo modo como apresenta o tema. O fato é que não interessa divulgar especificamente essa conferência sobre racismo porque, no Brasil, o assunto é um vespeiro. Falar sobre racismo aqui ainda é um tabu e a imprensa reflete a maneira como a sociedade encara esse tema.

As revistas Afirma e Raça Brasil

O modo como tem sido feita a cobertura da Conferência Mundial contra o Racismo é um exemplo da invisibilidade dos negros para a imprensa, fato cuja constatação foi o ponto de partida para a criação da Afirma. O sucesso desse projeto mostra como se pode aproveitar o que a Internet oferece, pois é um meio de comunicação barato e fácil de dominar, no qual se pode dizer a um grande público a que se veio e dar um pouco de sentido ao fato de se estar aqui.

A revista Afirma foi pela primeira vez ao ar na Internet em fevereiro de 2000. Na Internet, a dinâmica editorial é diferente da de um periódico tradicional: a publicação não tem número nem edição; as matérias vão se acumulando e a equipe vai tendo que organizá-las em arquivos; ao mesmo tempo vai colocando coisas novas, o que agora estamos fazendo em um ritmo meio alucinado, duas vezes por semana. Mas a maneira como a revista cresceu de fevereiro de 2000 para cá mostra o espaço, o nicho que existe para ser explorado. Há um grande interesse por parte das pessoas. O fato de estarmos na Internet possibilita, inclusive, que um público fora do Brasil, ávido por informação sobre o Brasil, possa atingir o que é publicado aqui. Hoje, cerca de 45 a 50% do público que entra na revista Afirma, vem de fora do Brasil. O fato de estar na Internet permite também que estejamos o tempo todo monitorando a clientela. Isso é uma coisa meio complicada do ponto de vista da privacidade, mas conseguimos entender quem está entrando, de onde está entrando, em que horário está entrando, que tipo de programa está usando; as possibilidades são enormes.

O crescimento da Afirma chama a atenção. Durante todo o ano de 2000 tivemos uma média de 20 mil acessos. Do ponto de vista comercial, isso é algo desprezível, pois portais como o globo.com, por exemplo, têm cerca de 750 mil consultas no mesmo período. Mas nos últimos quatro meses, exatamente na fase de efervescência da Conferência Mundial contra o Racismo, nós tivemos 20 mil acessos somente nesse período. E temos jogado pesado na cobertura de todos os eventos ligados à participação da sociedade civil e à preparação do processo da Conferência. Certamente isso mostra que temos ainda muito espaço e potencial para crescer. Eu acho também que há como criar formas de atingir o público com

> A sociedade precisa perceber que valores estéticos têm que ser repensados.

temas de interesse, com qualidade de informação, e estamos nos preocupando com isso. Por exemplo, pensamos na qualidade no texto: como qualquer veículo de imprensa, temos a preocupação de trazer a informação com clareza e tranqüilidade para o leitor.

Mas as dificuldades também são muitas. Nós somos uma revista negra *on-line*, e isso fecha inúmeras portas, como as do *e-commerce* e dos anunciantes. Porque no Brasil ainda não é possível dizer "nós somos uma revista negra". Isso ainda é um tabu.

É importante lembrar que a existência e o sucesso da Afirma devem-se, em grande parte, ao fato de que, em 1996, um grupo de pessoas teve a coragem de lançar uma revista chamada *Raça Brasil*. Esse é um marco importante para tudo que está acontecendo no Brasil nos últimos cinco anos. Penso que muitas das transformações que já estamos enxergando hoje, ainda que ocorram com uma certa lentidão, são fruto do espanto ou da surpresa que setores da sociedade brasileira sentiram ao perceber que era possível vender no Brasil 200 mil exemplares de uma revista que dizia ser para negros. Então foi preciso repensar a velha idéia dos publicitários de que o consumidor no Brasil não quer comprar um produto anunciado por um negro.

Para dar um exemplo claro de como o marco da *Raça* mudou o cenário, inclusive da economia do Brasil, basta lembrar a atitude do fabricante do creme Vasenol, que lançou um produto específico para peles morenas e negras. Hoje, esse não só é o produto que mais vende de toda a linha, como é, em todo o setor de cosméticos, o único produto que apresentou 60% de crescimento nas vendas nos últimos anos. Isso já mostra que o cenário está um pouco transformado com essa novidade, que é a possibilidade de se trazer a público um veículo específico para a população negra, mas que está aberto para toda a sociedade. A sociedade brasileira precisa ver isso, a sociedade brasileira precisa comprar uma revista como a *Raça* e perceber que valores estéticos devem ser repensados, que a nossa cara na televisão tem que ser modificada.

> Houve um tempo em que falar de racismo era um atentado contra a nacionalidade.

O estereótipo racista

Precisa ser modificada a imagem decorrente do fato de que a ascensão do negro na mídia está diretamente ligada ao futebol e à música. Pode-se questionar se essa forma de divulgação nacional e internacional não atrapalha a percepção da importância política e cultural dos negros. Na verdade, parte do racismo está calcada naquilo que as pessoas acham que são os papéis naturais que indivíduos e grupos devem desempenhar na sociedade, na idéia de que a natureza dá a diferentes pessoas algum tipo de facilidade ou habilidade para atividades diferentes. O fato de os negros terem sido trazidos para o Brasil e para as Américas como escravos, certamente, tinha muito a ver com essa percepção do significado do aspecto físico no desempenho, na vida do negro. E muito dos estereótipos que continuamos reproduzindo sobre os negros ainda resultam dessas percepções da natureza interior das pessoas. Então, é fácil dizer que os negros são os melhores jogadores de futebol porque têm mais ginga, são os melhores músicos porque já estão com os DNAs bem programados para música e assim por diante.

Muito da importância da revista *Raça* estava exatamente em tentar desmontar essa percepção e mostrar que também podíamos ter negro juiz ou físico nuclear. A esse respeito, cito como exemplo um amigo meu, rastafari negro, que trabalha na Eletronuclear e de cujo cabelo estão sempre reclamando lá, porque físico nuclear não pode ter cabelo rastafari. E fora do trabalho sempre perguntam em que banda de *reggae* ele toca. Ou seja, ele é visível apenas a partir de uma imagem estereotipada do negro. Então, certamente, precisamos de uma mídia capaz de expor os exemplos para as pessoas verem os inúmeros campos de atividade ocupados com sucesso por negros. Uma mídia capaz também de desmontar o mito que as sociedades capitalistas geram, de que as pessoas vencem sempre pelo seu esforço individual. Então, o juiz negro é visto sempre como resultado de um esforço sobre-humano ou de um ato heróico, pois ele quis estudar, encarou a vida e pronto. Nós nunca acreditamos que o coletivo acaba tendo um peso sobre a vida das pessoas e sobre a sua trajetória individual. Então, eu acho que ainda precisamos de um espaço para mostrar para a sociedade brasileira os negros que são sociólogos como eu, os que são juízes, os que são médicos, pois surpreendentemente eles existem... Esses negros estão aí e não são vistos no Brasil.

É perceptível que hoje temos condição de, pelo menos, estar discutindo que Brasil queremos construir. É bom que isso esteja acontecendo. Significa que estamos amadurecendo e conseguindo falar sobre racismo. Eu ainda vivi um tempo em que falar sobre racismo era quase um atentado à nacionalidade brasileira, quase um atentado contra a cidadania brasileira. E hoje conseguimos falar para um público heterogêneo, e falar sem nenhum tipo de ranço, sem nenhum tipo de constrangimento também. Falar com honestidade, porque também nos sentimos parte do país e também queremos contribuir para construir um país melhor. Eu acho que a função importante da revista Afirma é trazer para as pessoas a noção de que cidadania é algo que se tem que ter de modo ativo. Cidadania nós temos que segurar e construir, conquistar e bater, reclamar e chiar; ela tem que ser pensada de uma maneira ativa. Mas nós temos uma tradição muito grande de sentar, nos acomodar e esperar que de algum lugar brote uma luz que vai mostrar o caminho certo. O buraco do túnel nós é que temos que construir e furar. Eu me sinto orgulhoso de estar sendo parte desse processo. Nós percebemos que a Internet era um veículo, um meio que possibilitava fazer isso, um túnel que tinha que ser furado, algo cujo funcionamento precisávamos entender, assim como tínhamos que entender o que poderia sair dali. E pegamos com a cara e a coragem, e enfrentamos o desafio. A revista Afirma existe para o Brasil como um todo, não é uma revista para os negros, mas uma revista negra para a sociedade brasileira.

> O buraco do túnel, nós é que temos que construir e furar.

Míriam Leitão

É importante que estejamos todos seguindo na mesma direção, que é a de discutir a questão do racismo no Brasil. Está mais do que na hora, estamos pelo menos 113 anos atrasados nesse debate.

Nesses últimos tempos tenho me dedicado muito a estudar o assunto, a ler sobre o assunto, a aprender conversando com pessoas do movimento negro, lendo e refletindo sobre isso. A minha convicção profunda é que, sim, a mídia é racista, porque o país é racista. A mídia sempre reflete o país. E nós optamos pela pior forma de racismo, o da invisibilidade. É como o país tem vivido desde o fim da escravidão: nós decidimos não ver o problema. Nós repetimos para nós mesmos várias mentiras ao longo dos últimos cem anos. E é impressionante como essas mentiras permanecem vivas. Quando se compara o salário dos negros com o salário dos brancos, a diferença é muito grande. E a justificativa dada é que isso ocorre porque os negros têm um nível educacional menor. Mas a resposta também está nas estatísticas: basta que a pessoa as olhe sem preconceito. Nelson do Valle Silva, em um dos ensaios maravilhosos do livro *Tirando a máscara* (Editora Paz e Terra, São Paulo, 2000), faz uma comparação que derruba completamente esse argumento. Ele compara os salários de pessoas do mesmo estrato social. Quando chega no estrato inferior, que é o trabalhador rural não qualificado, ele verifica que os brancos ganham 100% mais que os negros. Todos são trabalhadores rurais, não qualificados, analfabetos; portanto, a educação não está interferindo na diferença. Mas o branco ganha o dobro do que ganha o negro. Então, o que é isso a não ser racismo?

Como o racismo opera na imprensa

E como o racismo se apresenta na imprensa? Apresenta-se na mesma forma odiosa com que o racismo se apresentou no país ao longo dos anos, das décadas, dos séculos: vamos fingir que não estamos vendo. É uma coisa deliberada? Uma coisa consciente? Não, não é consciente, não há uma reunião em que se fala assim: "Nós, os brancos, decidimos que esse assunto não tem espaço." Não é exatamente assim. Se fosse, alguém poderia questionar e a discussão começaria. O problema

> A minha convicção
> profunda é que, sim, a
> mídia é racista.

do racismo brasileiro é que ele não é explícito. Ninguém resolve isso na reunião da pauta, mas a verdade é essa. E a discriminação é mais profunda e arraigada do que parece. No início de 2001, a emissora em que eu trabalho me pediu para não fazer a tradicional matéria de começo de ano com previsões de economistas porque eles erram sempre. Decidimos fazer um programa diferente daquele tradicional e eu decidi discutir o racismo. Chamei um representante da Fundação Palmares, chamei o advogado Hédio Silva e o economista Marcelo Paixão, mas eles me puxaram a orelha: "Cadê a mulher negra aqui?" Eu, que queria criticar o preconceito, tinha levado somente três homens.

Para entender como se manifesta o racismo, vamos pegar como exemplo o dia 13 de maio. Certamente, o 13 de maio é apenas um momento, e nós jornalistas nem gostamos muito de fazer efemérides. E essa efeméride particularmente é até discutível; mas é uma data marcante, embora possamos discutir o que houve nela de erros e de acertos. No dia 13 de maio deste ano, eu olhei todos os grandes jornais, e eles quase não trouxeram referência ao assunto. Apenas o *Estado de S. Paulo* fez uma matéria de meia página, que eu achei decente. Ouviu a Sueli Carneiro, da ONG Geledés, e apresentou o que está realmente sendo discutido no país. Naquele 13 de maio só duas reportagens realmente importantes saíram na imprensa. E foram duas revistas que não pertencem à grande imprensa – a revista *Rumos*, dos bancos de desenvolvimento, e a revista da Federação do Comércio do Rio de Janeiro. Mas, fora isto, é como se não tivesse acontecido nada.

E este não é um fato isolado. Vamos pegar uma outra efeméride, o dia de Zumbi. O que foi apresentado? Onde isso teve espaço? Vejamos um outro assunto sobre o qual deveria sair alguma matéria: os encontros e debates sobre racismo. Na próxima semana, o mundo inteiro vai debater o racismo na Conferência da ONU. Recentemente, a exposição do assunto na imprensa aumentou um pouco por causa desse evento, mas ainda é muito tênue. E eu tenho participado de outros seminários e discussões que não estou vendo nos jornais, nem sequer no jornal em que trabalho. Minha opinião sobre as causas dessa falha é que nós é que estamos errando, nós jornalistas. Se há uma discussão importante acontecendo no país que não está sendo coberta pela imprensa, é porque a imprensa está errando.

> O Brasil tem que discutir o racismo se quiser ser grande, se quiser ser forte, se quiser ter uma economia viva.

Incomoda-me demais a falta de espaço para este debate, porque eu acho que a discussão do racismo tem que ser cotidiana. Ela não pode ser feita só em um evento: um dia, um negro que já chegou na classe média é barrado no elevador social de um prédio. Então sai a matéria com a foto, os amigos se solidarizam, mas o caso é apresentado como um episódio exótico. Não existe uma cobertura diária sobre o fato de que 84 milhões de brasileiros são tratados de forma inferior, têm os piores empregos e os piores salários, são barrados ao longo da vida inteira por barreiras fortes, poderosas e invisíveis a olho nu. O Brasil tem que discutir o racismo se quiser ser grande, se quiser ser forte, se quiser ter uma economia viva.

A discussão do racismo

No dia 13 de maio deste ano fui ao Instituto de Pesquisa da Cultura Negra discutir o racismo com alguns estudantes. Um dos meninos perguntou: "Mas por que tem branco aqui discutindo esse assunto?" Como eu era a única branca na mesa, respondi o seguinte: "Olha, a dor é sua, eu não posso fingir que estou sofrendo a dor da discriminação racial porque essa eu não sinto, nunca fui discriminada por causa da cor da pele, porque minha pele é branca. Eu só posso imaginar, posso ser solidária, mas eu não conheço a dor, a dor é dos negros. Mas eu estou convencida de que, para se construir um país realmente importante, para construir uma economia realmente dinâmica e uma democracia realmente sólida, é preciso incluir os negros ou então vamos continuar fingindo que esse país é branco."

Eu falo sempre sobre economia brasileira para empresários, platéias da elite, obviamente, brancas. Eu falo da taxa de câmbio, desses temas da conjuntura, mas depois analiso as grandes tendência, as transformações que estão acontecendo no país e que são importantes para que eles façam seu planejamento estratégico. E sempre falo e mostro dados comprovando que o negro é uma força emergente na sociedade, e é melhor que o empresário perceba isso rapidamente. Porque empresa moderna é aquela que emprega o negro, não faz propaganda sueca e percebe que esse país tem os negros, os índios e os brancos. Não é um país de brancos. Portanto, isso tem que permear toda a comunicação da empresa, toda a estrutura da empresa.

Eu tenho recebido vários tipos de resposta a isso. Algumas simpáticas, outras interessadas, outras indiferentes, outras ainda hostis, dos que acham que quem fala que esse país é racista, está mentindo. Minha resposta a estes é que quem fala que esse país não é racista, é cínico. Penso que somente quando um branco for condenado, acusado e preso por discriminar um negro, é que vai começar a discussão séria do racismo no Brasil. Leis para isso nós temos, como a lei Afonso Arinos e a lei Caó. Mas essas pessoas, os brancos que discriminam os negros, não são punidas. Nós estamos no começo dessa discussão. Um dia, talvez, até possamos discutir o lado contrário. Nesse momento, quem é discriminado? São os negros. É essa a discussão.

Nós temos que nos preparar para a discussão, porque essa vai ser a hora, talvez, em que parte dos brasileiros vai reagir de forma agressiva. Logo depois de publicar uma nota intitulada "O Brasil finge não ter racismo", recebi uma carta dizendo o seguinte: "(...) o grande problema dos negros é que se reproduzem muito. Outro dia, o vizinho passou com a neta, filha única, perguntei quando iria ter mais netas lindas como aquela. E ele disse que é muito caro educar filhos no Brasil, tudo está caro e os pais da menina batalham muito. Cinco minutos depois passou uma negra com quatro filhos. Um no colo, três ao seu redor. Ela não tinha condições de se sustentar e tinha quatro, quatro. A senhora já passou pela Cidade de Deus em Jacarepaguá? Passe, vai ver como os pretos fazem filhos, é terrível, e tudo fica na rua; é que nem cachorro vira-lata, eles têm que parar de se reproduzir. Pare de escrever besteiras na sua coluna e saia do seu castelo."

> Quem fala que esse país não é racista, é cínico.

> É absurdo ter 8% de negros na universidade em um estado que tem 80% de negros na população.

Reação ao racismo

Felizmente a discussão já começou, mesmo que seja tardia. Eu acho que ela tem que ganhar os jornais, ou então, os jornais estarão mentindo sobre o que é o Brasil. Como jornalista, estou convencida de que esse assunto está só começando a ser abordado. Essa discussão vai crescer muito, vai ocupar muito espaço, e isso vai ser muito doloroso para a sociedade, porque nós vamos ter que parar de fingir que somos bonzinhos e democráticos, que somos uma democracia racial. Vamos ter que ver nossa verdadeira face.

É isso que precisa começar a acontecer no Brasil. Esse processo vai ser longo. A passeata das Associações de Moradores de Favelas no Shopping Rio Sul (no Rio de Janeiro) é uma ação que tocou em um nervo exposto. E eu fiquei feliz porque o jornal O Globo publicou uma matéria muito correta, que primeiro exibia dados que provavam que as lojas do Rio Sul não empregam negros; e depois falava sobre o que foi a passeata, demonstrando que foi feito um movimento simpático, que nada teve de anormal, e que, portanto, não havia nenhuma razão para ele ser criticado. Entretanto, logo depois o jornal recebeu muitas cartas discordando da matéria e protestando contra o ato.

Esse episódio mostra que haverá um momento em que os racistas brasileiros vão ter que olhar para si e dizer: sou racista. É como um alcoólatra, que tem que olhar para o espelho e dizer: "Sou alcoólatra, não sou apenas uma pessoa que bebe socialmente." Vamos ter que dizer: "Não sou aquele que discrimina socialmente, eu sou racista e por isso preciso, a partir de agora, começar a não discriminar." Então cada um vai escolher: "Sou racista e quero continuar racista" ou: "Sou racista e preciso começar o processo de desintoxicação desse problema, desse defeito que eu tenho."

Certa vez publiquei uma nota mostrando, com um gráfico importante feito pelo IPEA que, para brasileiros nascidos em 1929 e 1976, o desnível educacional entre negros e brancos é o mesmo. Ou seja, não aconteceu nenhuma mudança em 50 anos. O país mudou, teve recessão, teve crescimento, democracia, ditadura, e a diferença entre negros e brancos ficou a mesma nesses 50 anos. Esse quadro mostra que não é possível discutir a desigualdade entre brasileiros sem passar pelo viés da discussão étnica. É necessário que se promovam ações afirmativas, que se vá construindo um mecanismo para diminuir a desigualdade entre negros e brancos.

Cotas raciais

Eu tenho discutido com pessoas negras sobre cotas raciais, sejam elas em programas de TV, em concursos públicos ou outras situações. Será que a cota é a melhor ação afirmativa? A primeira coisa que eu aprendi conversando com especialistas negros é que já existem cotas no Brasil, por exemplo, para mulheres na política. E ninguém acha isso um absurdo. Agora, quando se fala de cota para negros em alguma questão, todos dizem: "Ah, não! O que é isso? Isso é privilégio". Outro dia eu perguntei especificamente ao Presidente Fernando Henrique o que ele, ou o governo, pretende fazer na área das políticas de promoção dos negros. O presidente respondeu: "Olha, tem algumas medidas que eu já adotei, sobre as quais eu não falo muito. Uma das medidas é no FAT (Fundo de Amparo ao Trabalhador): parece que 20% do dinheiro do FAT é para qualificação de trabalhadores negros."

Eu sou a favor das ações afirmativas. Mais aceitável que cota e mais fácil de discutir é o estabelecimento de uma meta como a de aumentar, por exemplo, a alfabetização dos negros em tantos por cento. Isto obriga a ter então políticas dirigidas especificamente aos negros analfabetos, à redução do analfabetismo entre negros que é quase três vezes mais do que entre brancos. Mas fixar a participação de estudantes negros nas universidades em tantos por cento é uma proposta que tem que ser discutida. Há gente boa nas duas posições, a favor e contra as cotas. Mas é absurdo ter 8% de negros na Universidade Federal da Bahia, quando existem 80% de negros na população do estado. A ação correta é estabelecer um mecanismo de intervenção na sociedade, que permita decidir que um determinado grupo vai ter mais facilidade de acesso ao crédito, mais facilidade de acesso à terra, mais facilidade de acesso a programas específicos, porque este grupo sempre teve desvantagens.

> Na verdade, há muito mais
> aliados nessa discussão do
> que se pode pensar.

Este processo não é uma ação só dos governos; é das empresas também. Como faz o Banco de Boston com a ONG Geledés, através do projeto Geração 21, no qual a ONG selecionou 21 estudantes negros aos quais garante boa educação até a universidade. Esse é o caminho: é preciso haver uma política orientada para se escolher o negro. Senão as barreiras nunca vão ser derrubadas, a distância nunca vai ser diminuída. A curva que mostra que a distância educacional entre negros e brancos permanece a mesma há 50 anos, mostra que não foi adotada, nesse período, nenhuma política de promoção, nenhuma política social para reduzir a diferença. Um sintoma da falta de percepção da necessidade de medidas a esse respeito é o fato de que o programa do Partido dos Trabalhadores, de esquerda, em suas 35 páginas, não tem linha sobre a questão racial. (O tema entrou nos documentos da campanha eleitoral.) Mas é preciso uma intervenção mais profunda, mais direta, para que essa diferença diminua. E esta é uma discussão que está acontecendo na sociedade e na minha opinião a imprensa está cobrindo mal. É preciso aprofundar a discussão para aprender a lidar com ela e as controvérsias que ela produz. Porque no dia em que uma mãe branca da classe média disser: "Meu filho não entrou na universidade porque aquela vaga estava reservada para um estudante negro", ela vai parar de pensar que não é racista, e provavelmente vai ter que encarar a realidade do seu próprio sentimento.

Existe uma idéia corrente de que a elite não estaria interessada em diminuir a discriminação social porque, se ela não existisse, quem iria fazer o trabalho barato? Existem duas formas de se ver essa questão. Nós sabemos que essa discussão é principalmente uma questão ética, uma questão de humanidade. Mas vamos olhar pelo lado frio da economia, pela perspectiva do capitalismo puro e simples, que é como estou treinada a olhar. Sob o ponto de vista das grandes empresas, inclusive as multinacionais, a discriminação contra os negros é ruim para o capitalismo brasileiro, porque ele precisa da expansão do mercado. Quanto mais efetivas forem as políticas de integração dos negros no Brasil, maior será a ampliação do mercado de consumo, que é o que interessa hoje às empresas. Na verdade, há muito mais aliados nessa discussão do que se pode pensar. A discussão não é contra as grandes empresas. Uma grande empresa que vem se instalar aqui para vender computadores, pode querer o quê? Redução dessas barreiras artificiais que segregam os negros, porque ela quer vender computa-

> Em 1970, foi proibido o ítem etnia no censo porque, se o Brasil era uma democracia racial, ninguém tinha cor.

dores para todo mundo, independente da cor da pele. Além disso, hoje, no momento em que o capitalismo brasileiro está precisando, pelos desafios da globalização, de bons cérebros, muito mais valioso é o trabalhador capacitado. E acontece que a discriminação racial, junto com outras formas de manutenção das desigualdades, está fazendo com que o Brasil perca cérebros, que hoje são matéria-prima fundamental para a construção de qualquer país.

A imprensa, o trabalho acadêmico e o racismo

Eu falei no início que a imprensa é racista porque a sociedade é racista. Nós sabemos que a imprensa tem a capacidade de formar opiniões. Será que a imprensa estaria realmente reproduzindo opiniões da sociedade, ou estaria ajudando a formar essas opiniões, ajudando, neste caso, a reforçar o racismo? É muito difícil saber onde começa e onde termina esse processo. Mas o essencial é perceber que a imprensa caminha junto com a sociedade. Às vezes estamos atrás, às vezes um pouco na frente, às vezes puxando, às vezes sendo empurrados. É um processo de troca permanente. Mas a imprensa não tem o poder de mudar a sociedade, ela é parte da sociedade.

Hoje há muitos acadêmicos negros produzindo trabalhos importantes, estudando o tema da ação afirmativa do negro. Ao produzir esses trabalhos, eles estão produzindo material para que o jornalista escreva e trate essa questão não apenas como aquele episódio do elevador em que a pessoa é barrada, mas na forma de uma discussão mais profunda, como ela deve ser. O jornalista não é o condutor, não tem o poder que se pensa em formar a opinião. Há uma mistura, uma troca. Nós informamos e somos informados, formamos e refletimos o processo de formação do pensamento da sociedade.

Eu estou mais otimista agora do que há alguns anos. Primeiro porque, atualmente, o IBGE (Instituto Brasileiro de Geografia e Estatística) produz material com que podemos trabalhar. Em 1970, o censo do IBGE não teve definição de cor ou de etnia. Os militares proibiram esse item no censo porque, se o Brasil era uma democracia racial, ninguém tinha cor. Então, quando trabalhamos com dados de 1970, temos um problema para analisar as estatísticas. Mas hoje o presidente do IBGE, Sérgio Besserman, está interessado em produzir estatísticas que mostrem o problema do negro. Todas as sínteses dos indicadores sociais do IBGE saem hoje com um capítulo à parte com dados sobre a desigualdade racial. A partir daí, pode-se escrever uma coluna dizendo: "A cada ano de estudo que um branco tem, ele agrega X por cento no seu salário; agora, a cada ano de estudo a mais, o negro agrega só metade daquele a mais que o branco recebe." Isto é um flagrante do problema.

Além do mais, temos hoje o Roberto Martins na presidência do IPEA (Instituto de Pesquisa Econômica Aplicada): ele sempre foi um estudioso da escravidão, e é uma pessoa envolvida com a causa do combate ao racismo. Ele tem incentivado seus pesquisadores a produzirem estudos sobre o assunto. Esses trabalhos, que estão sendo produzidos, não só nos órgãos oficiais, mas também em todos centros acadêmicos privados também, são importantes porque produzem dados, análises, constatações que chegam nas redações e se transformam em artigos, matérias, colunas, editoriais, convicções. É impossível discutir com informação, com dado concreto. Jornalista não rasga informação: ele publica a informação. Essa produção tem que continuar. Os negros que quebraram as barreiras e chegaram à academia, têm estudado o assunto. Brancos conscientes da gravidade do problema também. E isto é que explica a maior exposição deste problema na imprensa hoje. Isso é uma parte importante desse processo, que só está começando. A exposição da questão dos negros na imprensa brasileira tem que se ampliar. E ela vai se ampliar aos poucos, conforme a sociedade vá ampliando a sua visão do problema.

> É impossível discutir com informação; e jornalista não rasga informação, ele a publica.

Sandra Almada

Nos últimos anos venho dedicando especial atenção a dois temas que, a meu ver, apresentam uma estreita relação entre si: mídia e racismo. As relações entre mídia, imprensa, imprensa negra e poder sempre me despertaram preocupação. Eu me formei na Universidade Federal Fluminense e, ao final do curso de jornalismo, minha monografia tratou da questão dos veículos de comunicação que constituíram a chamada imprensa negra surgida em São Paulo no início do século passado, entre 1913 e 1915. Meus professores tinham dificuldade em entender de que eu falava quando dizia que queria fazer uma análise da imprensa negra. Embora fossem pessoas cultas, profissionais notáveis com grande percurso dentro dos veículos de comunicação, alguns comunistas, eles sabiam falar muito bem sobre a imprensa operária, mas nada sabiam sobre a imprensa negra.

Mais tarde fiz mestrado em comunicação pela Universidade Federal do Rio de Janeiro, e minha dissertação teve como tema principal o projeto de identidade elaborado para os negros brasileiros pela revista *Raça Brasil*, da qual sou colaboradora, embora não ocupe nenhum cargo dentro do corpo editorial dessa publicação. Essa revista trouxe uma contribuição crucial para o movimento negro, para o jornalismo e para a imprensa negra. Não apenas em termos mercadológicos, mas também porque colaborou de forma importante para uma mudança na cultura de imagem, apresentando uma imagem do negro que, de certa forma, desmitifica as imagens tradicionais que nós víamos na mídia, do pagodeiro ou dos nossos excluídos, que compunham as manchetes do noticiário policial. Mas hoje, que sou professora, além de continuar exercendo o jornalismo, preocupa-me perceber que a mesma falta de formação a respeito das questões raciais que eu percebia nos acadêmicos que orientaram o meu trabalho, na UFF, continua existindo no quadro acadêmico da atualidade. Ou seja, a imprensa negra está absolutamente alijada dos grandes debates nos meios de comunicação.

> A imprensa negra está absolutamente alijada dos grandes debates nos meios de comunicação.

> É possível levar essa discussão para onde se forma o olhar jornalístico: a universidade.

A universidade e a discussão sobre o racismo

Hoje, nós que militamos, nós que somos jornalistas, nós que somos acadêmicos, temos aqui, nas universidades cariocas, a possibilidade de tentar levar essa discussão para dentro do lugar onde, por excelência, se forma o olhar jornalístico sobre a sociedade, que é a Universidade. O trabalho que tenho desenvolvido nessa linha com meus alunos da Universidade Estácio de Sá, no Campus Barra, tem sido muito bem-sucedido.

Um exemplo desse trabalho é o que fiz aproveitando o material de um evento que cobri pela revista *Raça* no Natal de 2000, o lançamento de um vídeo-clipe do *rapper* MV Bill na Cidade de Deus (Rio de Janeiro). Aquele foi um dos fenômenos de comunicação que mais despertaram meu interesse nesses últimos tempos. O MV Bill deu uma entrevista coletiva em que estávamos a *Raça*, o *Extra*, *O Dia* e uma emissora de televisão; e essa emissora, em sua cobertura, fez um julgamento tendencioso precipitado do discurso do *rapper*, aplicando um olhar politicamente comprometido sobre a expressão cultural de uma parcela da população negra brasileira, o que resultou em uma notícia no jornal televisivo que dizia que o MV Bill estava fazendo apologia ao crime organizado; e isso provocou a intervenção da Delegacia de Repressão a Entorpecentes (DRE) na gravadora do Bill. Nós levamos o MV Bill à universidade, mostramos os *takes* dos telejornais que noticiaram o lançamento e em seguida exibimos o vídeo-clipe. A tarefa dada aos alunos foi escutar o emissor da mensagem (o *rapper*), escutar de que forma o canal televisivo deu um novo sentido à sua mensagem, e posicionar-se criticamente em relação a isso.

Em todas as unidades da universidade, na Barra da Tijuca, em Niterói, na Tijuca, os nossos jovens mostram-se perfeitamente capazes de se sensibilizar diante das questões sociais, demonstrando que têm a consciência necessária para se comprometer com a luta negra para o avanço da sociedade brasileira. Esses jovens foram capazes de fazer análises brilhantes, trabalhos maravilhosos, tendo como instrumento o material teórico, às vezes denso, proveniente de intelectuais, muitos deles estrangeiros, que dão a sua contribuição para que olhemos a realidade brasileira de uma forma mais precisa, mais científica. Quando esses jovens chegarem ao mercado de trabalho, terão um olhar mais generoso, mais politizado que a geração anterior com relação às coberturas jornalísticas, aos perigos implicados nas relações entre mídia e poder, e às questões que dizem respeito ao racismo e à discriminação racial no Brasil.

> Foi dito que a *Raça* estetizava a questão negra e estimulava o individualismo e o voluntarismo.

A revista Raça Brasil

A discussão desse tema não estaria completa sem a análise da situação da revista *Raça Brasil*. A *Raça* teve recentemente a sua periodicidade alterada: ela não sai mais mensalmente, mas parece que terá agora uma periodicidade trimestral. Isso aponta, evidentemente, para questões mercadológicas, mas seria interessante tentar entender o problema mais a fundo. Por que será que a primeira revista com apuro político, editorial, técnico e estético, destinada ao público negro, teve esse recuo em termos de periodicidade? Por que será que a *Raça Brasil* teve uma oscilação em suas vendas? Terá sido um problema de ordem político-editorial? O que será que os leitores de *Raça Brasil* – nós, os negros brasileiros –, tão diferentes e tão iguais, com nossas experiências aproximadas pela questão da discriminação no cotidiano, mas, ao mesmo tempo, inseridos na sociedade em classes sociais distintas, professando diferentes religiões, não necessariamente aquela considerada autenticamente negra, o que será que esses leitores esperam de uma revista? Como será que um projeto de identidade, proposto por uma revista comercial, que acolheu uma causa pública, política, conseguirá dar conta de tantos problemas?

Em 1999, depois que a *Raça* já estava em circulação há três anos, os jornalistas colaboradores mais assíduos foram convocados para discutir um novo projeto para a revista. As razões apresentadas para a mudança eram principalmente a queda de vendas e o desestímulo do leitor. A *Raça* caía ladeira abaixo e nós queríamos, do ponto de vista mercadológico, fazer a *Raça* voltar para o seu lugar nobre, com 200 a 250 mil exemplares esgotados nas bancas na primeira tiragem. Se o mercado vem sendo tão atencioso com o consumidor negro, porque a *Raça* tem agora uma circulação trimestral e pode vir acabar, e não surge nada para competir com essa publicação ou substituí-la? Que discurso unificador é esse, de uma publicação para negros que não consegue emplacar? Onde nós erramos? O que fazer? As questões de ordem mercadológica estavam sendo estudadas por outro grupo; o meu analisava as questões de ordem político-editorial. Nossa conclusão foi de que deveríamos politizar a *Raça*. Verificamos que sobre a publicação caíam os estigmas de que ela estava estetizando e despolitizando a questão negra, caminhando em sentido contrário ao das forças progressistas e efetivamente não colaborando para o avanço da luta dos movimentos sociais negros, por estimular o individualismo, a ascensão individual e o voluntarismo, independente das condições absolutamente absurdas que excluem os negros da possibilidade de ascensão social.

Será que nós éramos culpados por essa orientação? Nós, os jornalistas que colaborávamos com a *Raça*, já conhecíamos as possibilidades de se fazer política em uma revista comercial. Nós trabalhávamos na grande imprensa, na revista *Caras*, na *Playboy*, na Folha On-Line, no *O Estado de S. Paulo*, na *Folha de S. Paulo*, o que impunha limitações empresariais nítidas ao nosso trabalho; mas nem por isso deixávamos de batalhar pelas nossas posições ideológicas. Eu, por exemplo, tive uma trajetória na militância negra, contribuindo no sentido de criar estratégias de comunicação para essa comunidade, como o jornal *Contraste*, que nasceu do IPCN (Instituto de Pesquisa da Cultura Negra). Então, naquele momento, o que éramos nós? Capachos do mercado que se apropriava de uma questão que estava sendo, até então, trabalhada politicamente pelos movimentos sociais e por alguns intelectuais? Estávamos completamente à mercê da direção da editora Símbolo? Não tínhamos contribuição nenhuma a dar? O que eu quero elucidar aqui é que, às vezes, o que aparece como produto final, editorial, de uma publicação, mascara uma luta de forças, uma disputa política muito grande que acontece dentro da editora. É importante que isso fique claro. Às vezes esse jogo aparece claramente, outras vezes não. Cada um de nós trazia sua contribuição política e profissional para a revista. Às vezes éramos bem-sucedidos, outras vezes não. Eu me lembro de uma jornalista aqui do Rio de Janeiro que era taxativa, com ela não havia negociação sobre a pauta que produzia. Outras pessoas tinham condições de fazer com que as suas pautas vingassem. Eu tive algumas pautas aprovadas e, outras, absolutamente banidas. Como acontece na imprensa de um modo geral, alguns enfoques eram respeitados e, outros, distorcidos.

> O que aparece como produto editorial final mascara uma disputa política muito grande dentro da editora.

Como analisar o que ocorreu com a Raça

Hoje a *Raça Brasil* corre o risco de sair de circulação e eu listei aqui três itens que considero fundamentais para tentar ver como seria a estrutura da UTI necessária para salvar a *Raça*. Em primeiro lugar, deveriam ser feitas pesquisas de recepção: como é que a sua mensagem é recebida por aqueles que são considerados o seu público-alvo, o seu leitor, genericamente chamado como afro-brasileiro? Penso que a *Raça Brasil*, quando é negligenciada pelo leitor ou por uma parcela de seus leitores, mostra que os veículos de comunicação talvez não tenham tanta onipotência, tanta capacidade de manipulação abusiva sobre os seu leitores como se imagina. Se a *Raça* fosse capaz de manter os leitores absolutamente fiéis à sua linha editorial durante edições e mais edições, teria comprovado a tese de que nós somos absolutamente induzidos por aquilo que a mídia nos recomenda adquirir como bem simbólico, como visão de mundo, como realidade; mas não foi isso que ocorreu. O que aconteceu com a *Raça*, no meu modo de ver, é que esse leitor negro é meio arredio, como devem ser os outros leitores e os outros telespectadores. Será que somos ainda tão subservientes a tudo que a mídia nos coloca como produtos a serem consumidos? Penso que as novas perspectivas em termos de pesquisa de comunicação mostram a necessidade de um olhar mais complexo para analisar essa questão.

O segundo aspecto a ser considerado é que a *Raça* sempre teve problemas sérios de amplitude de mercado. Seu leitor, considerado genericamente negro, dentro do mercado segmentado racialmente, na verdade é um conjunto de inúmeros brasileiros com características distintíssimas. Os materiais culturais com os quais eles formam suas identidades são muito diferentes. Um é do candomblé, outro é evangélico. Um tem 15 anos, outro 25, outro 40. A *Raça* tornou-se uma revista-trem, onde cabem tudo e todos, mas ficou parada na estação. Não conseguiu caminhar com essa proposta. Como poderia, em um mercado freqüentemente segmentado por idade? Nós trabalhávamos também para a Bárbara, da mesma editora, uma revista voltada para o público feminino na faixa dos 40, com um nicho de mercado muito específico. E a *Raça*? Era para todo mundo? A cada edição escrevíamos para o pai, para o filho, para os netos e para quem viesse. Era muito complicado. Então, é preciso estreitar esse nicho de mercado, estreitar o grau de abrangência da linha editorial, em termos de público, ou a *Raça* vai continuar como está.

> O público negro abrange um grande conjunto de grupos com características distintíssimas.

O terceiro ponto que desejo discutir é a relação entre o comprometimento político-editorial e o mercadológico. Uma das perguntas que se fazia esse corpo de jornalistas que se reuniu para tentar esboçar um projeto editorial mais politizado sobre a *Raça Brasil*, era se o fato de a revista ser capitaneada por uma empresa não dirigida por um negro, não comprometia os investimentos que nela se faziam. Surgiram no grupo duas respostas a essa questão, bastante interessantes e distintas. Uns diziam que, se a *Raça Brasil* fosse efetivamente de um empresário negro, o comprometimento político e existencial desse empresário se refletiria na condução empresarial que ele daria à publicação. Entretanto, uma editora da *Raça* com formação em psicologia fez uma observação muito pertinente. Ela disse que empresários brancos ou negros tendem a ter uma visão de mercado: vão tratar a *Raça* como um produto editorial que precisa ser vendido. O que caberia então perguntar é por que os negros não se habituaram com a revista, uma vez que a *Raça* navegou por linhas editoriais mais ou menos politizadas. Uma das hipóteses é que nós, os negros, não estamos acostumados com os bens simbólicos a nós dirigidos. A editora que apresentou esse raciocínio justificava-o, argumentando que muitas pessoas ligavam para a *Raça* e pediam a revista de graça, pois a consideravam cara. Algumas dessas pessoas juntavam dinheiro para comprar outras revistas da mesma empresa, como *Ti Ti Ti* e *Chiques e Famosos*, mas não destinavam dinheiro para comprar a *Raça* no final do mês. Então, só iremos entender porque esse leitor arredio saiu ou está saindo desse barco, se vai voltar e quando vai voltar, se mudarmos o rumo dessa navegação, se fizermos pesquisas de recepção para entender o que ele pensa do projeto de identidade que a *Raça* apresenta a ele.

Existe ainda um quarto aspecto que não está nas mãos dos repórteres e editores. Não conheço detalhes da situação interna da editora paulista Símbolo, que produz a *Raça*, mas parece que houve pouco investimento nessa publicação. Quando surgiu no mercado empresarial, a *Raça* resultou num *boom* que propiciou um retorno econômico interessante. Mas parece que esse retorno não foi reinvestido nela, mas foi empregado em outros títulos, e com isso a revista foi perdendo gás. O resultado é esta situação que a revista está vivendo agora. Não sabemos se a *Raça* vai continuar como uma revista do mercado editorial impresso; talvez ela vire uma grife. Eu não sei qual vai ser a nova direção que a *Raça* vai seguir. Eu só sei que, do ponto de vista editorial, ela é um grande laboratório onde se tentam montar peças para dar conta desse público tão diverso, que às vezes rejeita essa publicação, ao que parece, porque a *Raça* não está saindo porque quer, mas é um produto editorial que oscila no mercado. Se a sua proposta editorial não foi acolhida como deveria ser para mantê-la no mercado, as questões a ela referentes dizem respeito às pessoas que consomem a *Raça*. Por que o cidadão negro brasileiro, para quem a *Raça* é dirigida, deixou de lê-la? Estetizamos demais a questão negra, ou a politizamos demais? Colocamos na revista uma imagem do negro mais próxima de sua identidade social real, valorizamos sua estética como padrão de beleza? Ou embranquecemos esta imagem, e supervalorizamos, nas páginas da revista, a ascensão social dos negros, num país onde as pesquisas indicam ser a mobilidade social muito mais difícil para os afro-brasileiros? Essas são as questões que devem ser respondidas para que consigamos criar meios mais justos e democráticos para tratar da questão racial no Brasil, pelos meios de comunicação.

Será que valorizamos a estética negra ou a embraquecemos?

tv, cinema, teatro e dança : iradj roberto eghrari : joel zito araújo : carmen luz : antônio pitanga

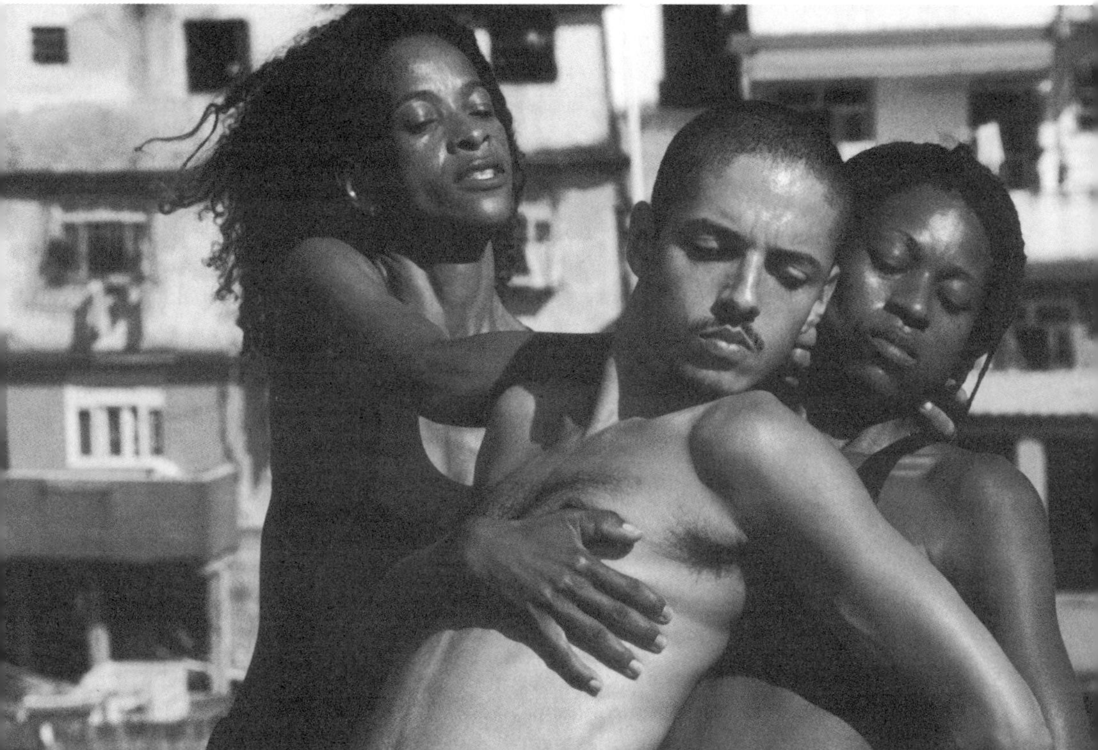

Iradj Roberto Eghrari

Este painel trata de um tema bastante importante e que diz respeito à nossa vivência diária, que é o quanto a televisão entra dentro das nossas casas, o quanto nós nos identificamos com a televisão e o quanto ela reproduz ou não padrões de discriminação e de racismo no nosso país. Vamos discutir o quanto o Brasil ainda é um país que barra a expressão artística natural de quase 50% da população. Também discutiremos a inserção dos papéis que o negro desempenha, desempenhou e vem desempenhando historicamente na telenovela brasileira, e o outro lado do que significa ser um artista de televisão e de teatro, em meio a esse desafio que enfrentamos hoje no Brasil, que é o da promoção da igualdade racial em nossa sociedade.

É importante a colocação de que houve um ideal tão sonhado por todos, por poetas e filósofos, de que um dia a humanidade pudesse vir a ser una, que tivéssemos um mundo sem fronteiras, que tivéssemos a Terra como único país; e de repente esse ideal pode estar se voltando contra nós, e reforçando a volta de uma ideologia de branqueamento que mais uma vez pode reforçar o nosso imaginário, como imaginário da estética européia branca. Eu acho que o questionamento maior que esse seminário propõe é exatamente esse. Quais são os caminhos, quais são as propostas?

Estamos debatendo aqui hoje a importância de ser um negro em movimento. O movimento na mídia, o movimento na TV, o movimento nas artes, o movimento na música. Como colocamos esses 50% da população brasileira com seu direito ao movimento? Daí vem esse outro questionamento, essa visão, essa missão que colocamos a nós mesmos, de incentivar as práticas de valorização do corpo que são negadas a essa parcela da população brasileira, que eu poderia chamar "os excluídos", cujo corpo é invisibilizado, cuja presença é invisibilizada. Estamos cansados de só ver ou só mostrar a imagem do negro e da negra, através da novela de época, apanhando ou beijando o mocinho. O desafio não é só de negros, mas de negros, brancos e indígenas, daqueles que estabeleceram esse país, mesmo na contramão de um processo de exclusão.

É preciso incentivar as práticas de valorização do corpo que são negadas a essa parcela da população brasileira.

O desafio não é só de negros, mas de negros, brancos e indígenas, daqueles que estabeleceram esse país.

Joel Zito Araújo

A ESTÉTICA DO RACISMO

Desejo fazer uma pequena síntese do meu livro e filme *A negação do Brasil*, falando do que está contido nele e da razão desse nome. Durante cerca de quatro anos de trabalho, eu e um grupo de pesquisadores examinamos cerca de 70% das telenovelas produzidas no Brasil e fizemos um mapeamento para identificar novelas que tinham personagens e atores negros. Para nossa surpresa, em mais de um terço das telenovelas produzidas no Brasil, não apareceu nenhum ator negro, isso em um país que tem 50% da população negra ou negro-mestiça.

O personagem negro e a dramaturgia branca

Depois dessa constatação, nós passamos a analisar novela por novela que apresentaram atores negros, para identificar que tipo de personagem foi oferecido para eles. E neste ponto não houve mais surpresas, veio apenas a confirmação de tudo que a gente pensava.

A primeira observação é que o negro, a negra e a criança negra apareceram nas novelas em papéis de pessoas subalternas. Os papéis mais oferecidos foram os de empregadas e empregados domésticos, copeiros, motoristas e semelhantes. Também foram oferecidos alguns papéis de marginais, bandidos e malandros. Nas novelas que tinham como fundo a temática da escravidão, que se tornaram um sucesso internacional, um grande filão de mercado, principalmente depois de "Escrava Isaura" ter sido vendida para 67 países, foram oferecidos muitos papéis de escravos, pois a TV Globo percebeu que a temática da luta contra a escravidão, a luta por liberdade, era uma temática muito forte, muito vendável.

Mas a nossa principal crítica não é oferecimento de papéis de pessoas subalternas para os atores negros. O que caracteriza sempre o papel dado ao negro é que ele deve ser secundário. Na novela da TV Globo "Porto dos Milagres", existe um papel de empregada doméstica, feito por uma atriz branca de renome (Natália Timberg). Penso que aquele papel foi oferecido para uma atriz branca

> Nós não queremos papéis
> de negros,
> queremos papéis de
> brasileiros empregados,
> empresários, dentistas,
> médicos, advogados.

porque é um papel importantíssimo, de peso, com enormes conexões dentro da telenovela; e uma negra só pode ser empregada doméstica se o papel for raso, de pouca importância.

Daí a preocupação que o Antônio Pitanga e o Milton Gonçalves batem muito: nós não queremos papéis de negros, esses nós podemos fazer, nós queremos papéis de brasileiros. Porque, claro, a maioria dos brasileiros é de negros e negros-mestiços. Nessa perspectiva, haveria papel para negros não só como empregados domésticos, mas também como empresário, dentista, médico, advogado, comerciante, bancário. Papéis para os quais o ator negro quase nunca é escalado.

Do ponto de vista da dramaturgia, a telenovela brasileira tem a virtude de procurar falar da realidade, ao contrário da mexicana que ainda está na história das Cinderelas que nasceram na favela e acabam descobrindo que são filhas de milionários, como a "Maria do Bairro", a Maria Mercedes, a Marimar. A dramaturgia da telenovela brasileira é relativamente diferente da que predomina nos outros países latino-americanos graças ao fato de que grande parte das pessoas incorporadas nos anos 70 à indústria da telenovela eram autores de esquerda, preocupadas em trazer para a telenovela aspectos dos conflitos reais existentes na sociedade brasileira. No entanto, eu acho que, como a cabeça típica da esquerda no Brasil sempre achou que o problema racial é, na realidade, um problema de classe, e não consegue fazer uma conexão entre essas duas coisas, o que acabou acontecendo é que o autor de telenovela não considera importante falar da vivência, dos sofrimentos e dos conflitos a partir da condição de ser negro no Brasil. A raiz desse desvio está possivelmente no fato de que, mesmo quando a cabeça do autor de telenovela é de esquerda, é uma cabeça de uma pessoa da "Zona Sul". É de quem conviveu pacificamente com a empregada doméstica em sua casa, gostou dela porque ela tratou ele muito bem, deu *Toddynho* de manhã, passou sua roupa. Enfim, é a cabeça de quem conviveu na infância e adolescência com pessoas negras em sua casa, mas como serviçais. Que adorava a dona Maria, que a via quase como parte da família – mas sempre como subalterna, sem se interessar por sua família ou sua comunidade de origem. É preciso, então, criar uma dramaturgia que comece a contar a história do povo brasileiro, que não é a história da Zona Sul.

> Não existe nenhuma novela do horário nobre em que o número de atores negros ultrapasse os 10%.

Cotas para atores negros

A análise dos dados da pesquisa mostraram um outro fato curioso. Nós temos discutido bastante a questão de cotas para atores negros nas telenovelas. Diz-se que é um absurdo querer estabelecer uma cota, porque as cotas são contra a liberdade de criação. Mas o curioso é que, com exceção das novelas que têm como fundo a temática da escravidão, percebemos, ao examinar novela por novela, que existe uma cota sim, no entanto é uma espécie de cota negativa. Ou seja, não existe nenhuma novela, em horário nobre, em que o número de atores negros escalados ultrapasse a cota de 10% do total do elenco. Neste sentido, "Porto dos Milagres" é o retrato da telenovela brasileira. É como se os autores, produtores e diretores dissessem que só pode ter 10% de negros, mesmo que a história se passe na Bahia, onde quase todo mundo é negro. Mas, o pior é que não cabe mais que 10% de negros porque na cabeça daqueles que fazem a telenovela brasileira está a preocupação de fazer um produto bonito, de Primeiro Mundo, então a beleza não pode ser negra, tem que ser branca; então, é preciso fazer da Bahia de Jorge Amado uma Bahia bonita e sensual, portanto branca.

Como tudo isso aparece? Por que os atores negros são selecionados apenas para fazer papel de empregados domésticos? Por que só podem ser 10% do total? Por que a população indígena tem um tratamento até mesmo pior? Será que existe uma decisão, existe uma instância nas emissoras de televisão em que esta cota é definida? A minha conclusão, e eu acho que esse é o nosso grande desafio, é que não existe essa decisão, essa instância. Se conseguíssemos encontrar um papel escrito, em que estivesse textualmente colocado que cada novela no horário nobre não pode ter mais que 10% de atores negros, tornaria bem fácil a nossa luta. Mas esse papel não existe. Então, o que está por trás dessa ação que é racista, que impede pessoas talentosas, como a Carmen Luz, por exemplo, de ter uma carreira na TV?

Por trás disso está a coisa mais complicada com que brigar, que é, antes de tudo, a internalização do racismo na nossa cultura e nas nossas mentes. Por que o nosso imaginário latino-americano é baseado na vontade de fazer desse continente um continente europeu. Na vontade de se tornar um continente branco. Então, a

> A ideologia do branqueamento continua como um componente forte na cultura brasileira.

nossa grande complicação é porque até hoje permanece, não só no fundo da psique de cada um de nós, mas principalmente, na dos produtores de cultura, naqueles que estão no topo da televisão, da publicidade e até mesmo do cinema, uma idéia de que o belo é branco, ser primeiro mundo é ser branco. Uma idéia de que a estética moderna, mais chique, é a estética colada com a produção estética européia. É uma vontade de ser contemporâneo, mas a partir da imposição dos modelos de beleza criados na Europa e nos Estados Unidos. Então, essa ideologia do branqueamento, que já foi política oficial de Estado no século XIX, mas que felizmente hoje não é mais, permanece como um componente forte na cultura brasileira e latino-americana. Podemos ver também na novela mexicana, produzida em um país que tem quase 90% de população índio-mestiça, que a heroína ou é loira ou tem o cabelo pintado de loiro. E os atores com forte origem indígena aparecem como empregados domésticos, assim como os negros brasileiros. É por isso que eu acho que este é um problema latino-americano.

A ideologia do branqueamento

No Brasil, a minha pesquisa permite dizer que, além daquela discussão mais enfatizada nas atividades do movimento negro, que é a denúncia dos malefícios do mito da democracia racial, nós temos um outro elemento a combater, talvez mais complicado, que é a estética do branqueamento.

No 5º Festival de Cinema de Recife lançamos um manifesto, assinado por um grupo expressivo de artistas afro-brasileiros, que já trouxe um primeiro importante resultado. Cerca de 30% dos recursos do último concurso de documentários, aberto pela Secretaria de Audiovisual do Ministério da Cultura, estão destinados para realizadores afro-brasileiros. No entanto, esse concurso foi cancelado no dia seguinte ao da sua publicação. O que aconteceu é que a Secretaria estava sofrendo pressão de dentro da classe artística, e principalmente de dentro do pessoal de cinema, para que essa conquista fosse cancelada. Essa enorme pressão feita nos bastidores atrasou a publicação final do concurso e, quando ela saiu, os 30% para realizadores afro-brasileiros ficaram dentro da Fundação Palmares, e não no Ministério da Cultura.

> E se eu disser que a pessoa é racista, ela vai achar um absurdo, porque o racismo está introjetado.

Essa pressão teve como base dois argumentos. A primeira era: como nós vamos poder afirmar quem é negro no Brasil? E uma vez que nós não podemos afirmar quem é negro no Brasil, não devemos reservar os 30% para eles. A segunda era: se for para dar 30% de participação para os negros, porque o Ministério não deu para os índios também? No entanto, isto não significou nenhuma defesa da inserção dos realizadores de origem indígena, o que seria bom se fizessem o raciocínio ao contrário: uma vez que deram para os negros, porque não vamos, de fato, também assegurar mais 30% ou 20% para os realizadores de origem indígena? Na realidade, nesta linha de raciocínio praticamente se queria, no subtexto, afirmar que na sociedade brasileira negros, índios e brancos têm as mesmas chances, somos uma democracia racial. Isso prova que o objetivo era apenas desestabilizar e inviabilizar a nossa conquista.

Um terceiro elemento, no entanto, é que eu acho que ninguém seria capaz de fazer a defesa aberta da democracia racial. Todos são obrigados a concordar com o fato de que negros e brancos no Brasil não têm as mesmas possibilidades. Mas o que eles, enfim, propunham como solução para o impasse, é que o caminho não era reservar parte dos recursos, mas sim criar uma comissão julgadora que fosse consciente. Ou seja, de certa forma, estava sendo dito que todas as comissões julgadoras criadas até então não tinham tido uma consciência do problema racial brasileiro, e que agora, por algum elemento que eu não sei qual seria, talvez mágico, as próximas vão automaticamente ter essa consciência e vão assegurar que nos concursos sejam contemplados realizadores afro-brasileiros.

E se eu disser, frente a frente, para cada uma das pessoas que elaboraram esse tipo de raciocínio, que ela é racista, essa pessoa vai ficar ofendidíssima: "Isso é um absurdo, eu nunca fui racista, não sou racista, você que é um complexado!" Na realidade, no fundo isto mostra como essa desigualdade está introjetada e naturalizada em nossas cabeças.

Retornando ao campo específico da televisão, nós temos ainda um outro desafio, que é entender essa estética racista, não a partir da história dos atores ou da representação, mas a partir de quem a recebe. Em meu novo projeto de documentário, *A paixão segundo os feios*, eu quero compreender porque, na telenovela

> A Antropologia não estuda o que significa ser uma família negra e como ela compreende o mundo.

latino-americana, o público mais cativo, que é a população mais pobre, e portanto de maioria negra, índia e mestiça, é tão apaixonada por uma coisa que os despreza e trata como subclasse e como feio. Para tentar entender a construção do imaginário das famílias negras e indígenas, comecei a reler vários autores latino-americanos na área de comunicação e cultura, e tenho encontrado neles as mesmas dificuldades de abordar a questão racial que encontro nos autores brasileiros. Ou seja, parece que todos os intelectuais de esquerda têm uma profunda dificuldade para entender a questão racial na América Latina. Destaco os dois mais importantes autores nesta área, Garcia Canclini e Martin Barbero, que discutem a questão das mediações e se apóiam na idéia que este continente produz intensamente culturas híbridas. Este é um grande achado teórico, mas estou começando a perceber que a contribuição que a Antropologia pode dar ao campo da comunicação não foi suficientemente explorada por eles. Porque, quando essas pessoas que estudam as mediações vão buscar compreender o universo da grande maioria latino-americana, usam a chave de famílias pobres, de grupos populares, para o enorme componente de origem negra e de origem indígena que vêem telenovela. Portanto, não há uma elaboração maior, do ponto de vista da compreensão étnica, do que significa ser uma família negra e como ela compreende o mundo, como ela media o que é produzido pela televisão nesta contradição de um continente que tem vergonha dos segmentos não-brancos, ou seja de sua maioria, do seu povo. Nesse momento os pesquisadores têm uma profunda dificuldade em compreender a cultura e os valores dos grupos étnicos, em especial negros e índios, da América Latina nos processos de mediação.

Economia e relações raciais

Quando eu dizia que o problema está na cultura, não quis dizer que está só na cultura: ele também está na economia. Penso que nós chegamos a um impasse, do ponto de vista das elites no Brasil, quanto à possibilidade de criar uma nova economia e um novo mercado, uma nova sociedade sem essa desigualdade brutal entre ricos e pobres. O Brasil se coloca de forma tão subordinada dentro da economia global que, para as elites brasileiras, se faz necessário que os negros não

> O preconceito não é um
> problema dos negros,
> mas de toda a sociedade,
> da relação entre grupos
> raciais distintos.

tenham consciência e nem orgulho de serem negros. Porque se passarem a ter orgulho, auto-estima, a se comportarem como consumidores, se começarem a brigar pelos seus direitos, criarão uma profunda desestabilidade estrutural na economia. Do mesmo jeito que os negros, todos os pobres, sejam índios ou mestiços, têm de estar acomodados a essa situação de desigualdade econômica e social no Brasil, que tem um inegável componente racial. Penso então que, entre os desafios colocados para todos aqueles que trabalham com a questão racial no Brasil, um dos mais importantes é casar as discussões sobre relações raciais e relação de classes no país. Nós precisamos urgentemente fazer essa costura.

Quero ainda chamar a atenção para o fato de que precisamos compreender historicamente o que está se passando no campo das comunicações. Na América Latina, em um momento do passado em que nos tornamos uma sociedade de massa, os meios de comunicação, inicialmente o rádio, depois cinema e televisão, começaram a reelaborar o imaginário da população incorporando elementos culturais dos negros e índios ao mesmo tempo que desarticulava as identidades étnicas; e agora estamos entrando em um novo momento na história das comunicações, ou seja, nesta etapa intensa de globalização acontece um fenômeno inverso, de emergência das identidades étnicas, e de intensa pressão sobre as mídias pelo seu reconhecimento. Porque no passado, na criação da sociedade de massa, com a indústria cultural de massa, tendeu-se a homogeneizar os produtos culturais, a partir de uma perspectiva centrada na ideologia do branqueamento, nos ideais estéticos brancos, nos valores culturais europeus. E entramos agora em um novo momento da história da humanidade, que já não é mais aquele movimento migratório do morador do campo para os centros metropolitanos, de dissolução das comunidades negras e indígenas que vieram para os centros urbanos buscando se integrar nas sociedades de massas. Neste novo momento, a característica central é a intensa circulação planetária e, se não forem elaboradas políticas específicas a respeito, se os meios de comunicação não assumirem suas responsabilidades, estarão contribuindo para as atitudes reacionárias contra estes migrantes e para a intensificação do racismo e da xenofobia. Isso tende certamente a acontecer cada vez mais porque, se em um determinado espaço geográfico do globo existe possibilidade de trabalho, todo mundo vai bater nas suas fronteiras, vai tentar entrar ali, como os mexicanos estão tentando e por isto até

> Temos que disputar no patamar da qualidade, senão ficaremos no gueto, falando para nós mesmos.

mesmo perdendo suas vidas na travessia clandestina pela fronteira do seu país com os Estados Unidos. Se o Brasil crescer economicamente, nós vamos ter, não só o racismo interno com que a gente já convive e não consegue resolver, mas também o racismo contra os bolivianos e os paraguaios, porque eles naturalmente virão para cá e ameaçarão ocupar uma fatia do nosso mercado de trabalho.

Portanto, a questão do preconceito e do racismo não é um problema para ser resolvido somente pelos negros, mas é um problema global, além de ser um problema histórico de toda a sociedade brasileira. Ou seja, racismo é sempre um problema de relação entre grupos raciais distintos. Se existe racismo é porque alguém o usa em proveito próprio, não é um problema só da vítima. Então, a nossa luta, dos afro-brasileiros, além de ter de mostrar a responsabilidade de todas na eliminação do racismo, tem de ser também uma luta por inserção. É por isso que vejo limites nas ações do movimento negro voltadas somente para os meios de comunicação alternativos, como os jornais, rádios e TVs comunitárias, a exemplo do programa TV Dumbali em São Paulo. Embora sejam importantes, é um tipo de ação com muitos limites, porque a TV comunitária é um canal que não tem nem um ponto de audiência. Quem faz programas para TV comunitária, faz sem dinheiro; por isso ela não consegue disputar a qualidade dos programas da TV aberta e, portanto, não tem possibilidade de competir. Porque a comunicação é uma questão de qualidade e quantidade de recursos de produção. Por isso nós temos que lutar por recursos. Temos que disputar no patamar da qualidade, senão ficamos só no gueto, falando para nós mesmos. Eu não estou aqui desestimulando nem criticando, quero apenas chamar a atenção para o fato de que nesse momento nós temos que dar esse salto. Mas nós temos de brigar pela inserção e por cotas. Ou seja, o jovem que está lá na Companhia de Dança da Carmen Luz, tem de, ao mesmo tempo, pensar em fazer espetáculos lá no morro, no asfalto, e também no Teatro Municipal do Rio de Janeiro. Nós temos que ser plurais e multiplicar as possibilidades, mas fundamentalmente buscar recursos para produzir com qualidade. Por fim, eu acho que nós temos que elaborar políticas e ao mesmo tempo começar a chamar a atenção da mídia e dos meios de comunicação sobre as suas responsabilidades sociais de também elaborar políticas e programas que ajudem na aceitação da multirracialidade, da multiculturalidade e da diferença. Possivelmente, esta seja a questão-chave do século XXI.

Carmen Luz

Meu tema é a Companhia Étnica de Dança e Teatro, que fundei junto com Zenaide Djadille em 1994, e cuja proposta conceitual é a seguinte: arte é pensamento, é conhecimento, é ação. E interação de linguagens.

O acesso à dança e ao teatro

Sou atriz, tornei-me coreógrafa e diretora de teatro. Venho trabalhando há 20 anos nessas áreas, e o motivo básico da minha vida é a arte ligada à educação. Minha experiência inicial de vida foi em uma família na qual o pai e a mãe questionavam muito esse problema cotidiano dos negros e dos mestiços serem analfabetos. Por isso, em todo meu trabalho, desde que eu comecei, a questão que vem muito à tona, o tema recorrente o tempo inteiro é a educação. Quando comecei, no final dos anos 70, eu não me preocupava com nenhum movimento negro. Mas um dia, tendo ido quase por acaso a uma palestra, escutei a seguinte frase, penso que dita pela Lélia Gonzales: "O importante é ser um negro em movimento." Isso virou moda depois, mas naquele momento virou uma questão para mim. O importante é você estar em movimento. Isso é muito fácil para quem consegue estar ligado a uma posição mais institucional, mais organizada, mas se você não está com esse *feeling* agora, não se culpe, vá a luta do jeito que puder.

Eu sempre tive uma ligação, por ideologia, com os movimentos populares, mas nunca me filiei a qualquer partido. A questão negra, na época, passava ao largo desse movimento. Mas a minha questão não passava ao largo. E qual era essa questão? Era incentivar práticas que a mim eram absolutamente negadas. Fazer dança e teatro, naquela época, era uma coisa impossível se você não estava ligada a movimentos populares ou partidários, como o teatro alternativo sempre esteve; você tinha que estar no Tablado ou em alguns outros lugares a que a maioria dos negros e das negras desse país não tinham acesso, se não tivessem tido uma grande sorte, ou uma madrinha que pudesse conseguir uma bolsa em um desses lugares. Quem não tivesse essa sorte, estaria condenado a sonhar com um dia ser famoso pela TV. Uma TV que, nós já sabíamos naquela época, nunca tornaria pessoas realmente famosas, a não ser algumas pessoas-chave,

> Alfabetizar na arte pela poesia é ensinar como transformar poesia em dança e teatro.

que pareciam absolutamente eternas. A questão era como fazer, na prática, para sair desse redemoinho.

Para mim, a questão básica é a educação. O que me inquieta muito, desde o início da minha adolescência, é o fato de que uns têm e outros não têm educação, e penso que precisamos discutir isso direito. É por aí que vamos acabar com a necessidade de fazer cada vez mais seminários como este. Quando essa galera começar realmente a se alfabetizar, de fato. Não aprender a juntar *b* com *a*, nem contar *um, dois, três, quatro*, mas a fazer todas as conexões, as analogias necessárias para ser realmente um alfabetizado. Nesse processo, os professores são fundamentais. O professor pode ver que o trabalho que o aluno faz na escola é interessante e, a partir daí, começar a puxá-lo para um caminho novo. Isso aconteceu comigo, que fazia poesia, e por isso comecei a fazer teatro e dança alternativos na escola pública, incentivada por um professor. Essa foi a minha alfabetização em dança e teatro. Hoje eu repito essa experiência com todas as meninas e meninos com quem faço meu trabalho educacional: exploro a prática de alfabetizar na arte pela poesia, ensinar como se pode transformar uma poesia numa dança, uma poesia num teatro.

A Companhia Étnica de Dança e Teatro

Uma das coisas que mais me motivaram para fundar a Companhia Étnica foi uma conversa corrente entre nós, atores negros, de que o negro não faz bons papéis e não tem bom trabalho porque não há dramaturgia para ele, nem no teatro. O que é uma inverdade. Eu fiz uma pesquisa: quantos textos sobre negros e quantos personagens negros existem no teatro? E descobri que eles estão lá. Sabe qual é o problema? Nós não somos alfabetizados, não conhecemos o que existe, não lemos, não temos esse trânsito com a leitura e com a escola, ou com a escola informal. Por isso ficamos entrando nesse "papo furado". Mas se vocês procurarem, estão lá vários papéis. Tenho certeza que Joel Zito deve ter encontrado vários se não pensou só em televisão, mas pensou também em arte dramática, teatral. Então, o ponto crucial é conhecimento.

> Eu quero contar a história de
> um negro contemporâneo,
> sabedor de ontem, mas
> pensando para a frente.

Desde 1978, quando eu comecei a trabalhar, até 1988, eu tive a fantasia de que o único trabalho real para um ator era o mundo da televisão. Então andei passando pela Globo e fiz duas novelas onde representava uma escrava. Aquilo, para outra pessoa, pode não ser um problema, mas para mim era e é. Eu não agüentava. Eu não me relacionava bem com a perspectiva de que só se pudesse mostrar a imagem das negras e dos negros através de novelas de época, em que a gente só apanhava, ou beijava o mocinho, ou apenas passava de um lado para o outro e às vezes a câmera focalizava, para que o público em casa visse e você se sentisse atriz. Com "Pacto de Sangue" eu sofri um choque muito grande. Em uma das cenas, eu vi um fato horroroso. Primeiro, porque eu era do núcleo da casa grande, e ainda não tinha feito uma cena de quilombo. De repente eu vi, nessa gravação, um quilombo enorme, com mais de 200 negros. Aquilo me pareceu um filme de terror, porque a reprodução da cena era muito real. Era muita gente apanhando, muita gente cambaleando... Se nós estivéssemos questionando isso, eu aceitaria, mas estávamos só reproduzindo. E eu pensei naquele instante: "Eu não quero essa história para mim, eu quero contar a história de um negro contemporâneo. Eu quero contar uma história de um negro sabedor de ontem, mas aqui, agora. Pensando para a frente." E naquele momento decidi que não queria mais ser atriz, queria ser diretora.

Foi com esse intuito que eu fundei a Companhia Étnica com Zenaide. Naquele momento estavam começando a surgir alguns movimentos de artistas preocupados, efetivamente, com essa questão da invisibilidade do negro nos meios de comunicação. Para mim, meios de comunicação eram teatro e dança; então, Zenaide e eu fundamos uma companhia de dança e teatro. O objetivo era visibilizar esses artistas negros que, para nós, estavam longe do mercado. Eu me incomodava em saber que a Léia Garcia tinha sido quase Palma de Ouro e ninguém sabia disso. Incomodava o Zózimo Bubul não estar trabalhando, incomodava o Paulão estar entre Paris e Rio sem trabalho, muitas coisas me incomodavam. Eles não eram atores da minha geração, mas eu os vi representarem. Eles eram meus ídolos. Então, se eu estava me propondo a dirigir, eram esses ídolos que eu ia procurar. Fizemos algumas experiências nesse sentido, consegui dinheiro junto a muitos órgãos e fiz o *Pedro Mico*. E, pela primeira vez, apareceu uma companhia de mulheres negras no mundo branco que é o da dança contemporânea, que é absolutamente racista, mas que agora tem que nos aturar, porque nós estamos atuando.

> Minha opção foi trabalhar
> com o corpo virgem e cheio
> de expressão do jovem
> morador das favelas.

Hoje a Companhia Étnica funciona com jovens e crianças, e em breve com idosos, em quatro comunidades, que são Morro do Andaraí, Borel, Formiga e Nova Divinéia. Temos uma sede lá em cima no morro e uma sede no asfalto. Acho que o que nós conseguimos com a Companhia Étnica, de 1994 até 2001, é fazer com que o pensamento dominante na arte contemporânea, especificamente na dança e no teatro, repense a sua arrogância, a sua postura preconceituosa. Mostramos que morador de favela tem o direito de dançar, se ele quiser dançar algo além do *funk* e do bate-bunda. O que fazemos é arte contemporânea. É arte do aqui-e-agora, e a questão é o corpo pensando o tempo inteiro. Eu não faço separação entre alguém que faz e alguém que pensa. No caso da Companhia Étnica, nós fazemos pensando, e fazendo, tudo junto.

Quando comecei a dançar ainda na escola, fui incentivada por alguns defeitos que se tornaram valores. Eu sempre gosto de discutir essa experiência para estimular os que são considerados "esquisitos". Quem é esquisito na escola, quem é muito estranho, quem não tem jeito para nada, quem é criticado por todo mundo, quem está de fora e não consegue entrar. Todo mundo diz: "Esse cara aí, essa garota aí, é muito estranha." Lembre-se de que você pode ser muito estranha, mas pode ir se apaixonando pelos outros estranhos. E é isso o que eu faço hoje, com o tipo de corpo que escolhi para trabalhar, que são corpos de meninas e meninos jovens, talvez em algum momento o pessoal da terceira idade, todos moradores de favelas. Esse é o corpo que me interessa. Não comecei a trabalhar formalmente com esse tipo de pesquisa, mas ela foi uma opção inicial de trabalho que eu fui radicalizando cada vez mais ao longo do tempo. Adoro trabalhar com meus colegas, os atores profissionais; mas a minha opção acabou mostrando ser mais gratificante, pois é realmente um mergulho nesse corpo absolutamente virgem e cheio de expressão. E nós somos todos esquisitos, eles, no caso, por serem muito mais discriminados que eu, porque são moradores de favela, são negros e mestiços, são também negros que discriminam os brancos que não são brancos, porque vivem naquele espaço de contradição inexorável que é a favela. No trabalho da Companhia, eu destaco os moradores das favelas como seres humanos vistos quase o tempo todo como animais. Na época das eleições, não: mais humanos, impossível. Mas normalmente é assim. E é isso que eu procuro mostrar nos espetáculos.

> A ideologia do embranquecimento tem a ver com a falta de conhecimento acerca da história do negro no mundo.

O preconceito e sua superação na arte

Hoje, ao ver novelas, filmes, ou minisséries em que os negros fazem papéis de escravos, empregados ou assassinos, sendo que raramente um negro é rico ou de classe média, eu me sinto vendo um filme bastante ultrapassado, que vai repetindo o tempo inteiro um arcaísmo da sociedade brasileira, que é esse preconceito. Mas o problema para mim não está em quem faz esses filmes. Os atores são profissionais, precisam resolver-se financeiramente também, enquanto trabalhadores. O problema está nos autores que criam roteiros nos quais não existem tramas reais, cotidianas para esses personagens. Os assassinos são assassinos rapidamente, só matam e vão embora, os empregados passam pelo fundo do quintal. Se houvesse na televisão um estudo dramatúrgico, talvez isso fosse mais interessante. Porque a televisão e esses autores poderiam radicalizar seu preconceito, e o consumidor das novelas poderia então pensar realmente sobre preconceito. Mas penso que esse modelo também faz parte da nossa história contemporânea que nos faz acreditar, pelo nosso analfabetismo cultural, que a vida é mesmo assim, impossível de ser transformada. O que não é, nós sabemos que não é.

Porque a ideologia de embranquecimento permanece? Penso que isso tem a ver com a falta de conhecimento acerca da história do negro no mundo. Assim como com a dos índios no mundo. Enfim, tudo tem a ver com o conhecimento do que fomos no passado e do que somos agora. Quando eu começo a trabalhar com a rapaziada do morro, eu não coloco de início esse discurso contra o racismo. Eu começo contando a história da África. Com todas as suas contradições. Mas sabe o que fica para eles? E para todos nós, na verdade? A história dos reis e das rainhas. Porque é da história dos reis e das rainhas que também é constituída a história dos brancos. Então, se o garoto ou a garota sabe que descende de rainha e rei, e percebe como eles disputam, nós podemos fazer a história do Hamlet com eles. E fazemos tudo com eles, utilizando qualquer história.

Eu não estou muito preocupada com consumidores; estou preocupada com produtores. O que me interessa é que o fulano de tal, que é discriminado o tempo inteiro e às vezes nem sabe, adquira auto-estima, se alfabetize e seja produtor de conhecimento. E o tempo inteiro ele batalhe para sua produção. E aí sim, ele batalhe para encontrar pessoas que consumam e produzam sempre. Uma hora eu dirijo, uma hora você me dirige, uma hora eu danço, outra hora você é o coreógrafo. O tempo inteiro é assim na Companhia Étnica de Dança. Os garotos e as garotas que estão lá, não estão sendo formados para serem bailarinos e nem atores, eles estão sendo formados para serem tudo. Porque isso é o conceito de um artista, tal como o Antônio Pitanga mencionou, que é o Benjamim de Oliveira, não só o primeiro palhaço do Brasil, mas o primeiro grande homem de circo no Brasil, que é um negro.

> Quero que o fulano, discriminado, adquira auto-estima, se alfabetize e seja um produtor de conhecimento.

Antônio Pitanga

Desejo refletir sobre a relação entre o negro e a mídia. O negro sempre foi mídia, desde Zumbi dos Palmares. Enquanto lá embaixo, no Recife, portugueses e holandeses brigavam e se matavam, lá em cima, na Serra da Barriga, existia uma sociedade de negros, brancos e índios vivendo harmoniosamente; e lá estava o Brasil. Quando Palmares foi derrotado, o Brasil perdeu muito. O Brasil sempre pensou que o pelourinho era dos negros. Não, o pelourinho foi e é do Brasil. Por causa do preconceito, do racismo e das questões sociais, o Brasil perdeu democracia, dignidade, respeito ao ser humano e aos direitos humanos. Então, eu acho que esta é uma oportunidade para procurarmos saber que arquitetos seremos desse novo milênio, para não trazer para ele o pelourinho. E também para não ficarmos omissos, para participarmos do grito do Zumbi, de brancos, negros e índios reunidos onde existia um verdadeiro Brasil.

A gente é mídia, o negro é mídia. O negro está no carnaval, na religião. Mas o negro só foi pai-de-santo e mãe-de-santo enquanto isso não dava dinheiro. Como hoje dá dinheiro, já quase não se vê mais um pai-de-santo ou uma mãe-de-santo negros: eles são brancos e trabalham com cartão de crédito. O primeiro palhaço da história desse país foi um negro, Benjamim de Oliveira. Nós tivemos figuras como Grande Otelo e Teresa de Benguela. Mas essa memória está cada vez mais fugaz e, com sua perda, nós perdemos nossa visibilidade.

O tema negro e a dramaturgia branca

Até 1958, nós vivíamos a colonização cultural americana e européia. A partir da minha atuação no filme *Bahia de Todos os Santos*, de Trigueirinho Neto, comecei a participar do mundo intelectual baiano e colaborei com a criação do Cinema Novo. Eu fui o primeiro ator negro do Cinema Novo e, por isso, fui co-autor de filmes de cineastas que estavam começando. Porque todos eles eram intelectuais, mas eu era negro, eu era a cara do povo. Nós, do Cinema Novo, mudamos radicalmente a condução da cinematografia brasileira. Houve debate nacional sobre porque "I love you" era considerado mais bonito que "Eu te amo"; mas a minha luta pessoal era mostrar a cara negra através do cinema.

> O negro sempre foi mídia,
> desde Zumbi
> dos Palmares.

As questões do salário, das condições de trabalho e da humilhação a que o ator negro é submetido, tudo isso está englobado em uma pergunta: se o negro é mídia, por que ele não aparece? Isso é importante, porque significa que nós não percebemos a preciosidade que somos. Nós somos usados e nem percebemos. Nós somos um país tribal. Temos culturas tribais. A cultura maranhense é muito rica; a pernambucana, a baiana e a cearense também. Mas o Brasil está sintonizado só no estilo de ser do Sul: São Paulo e Rio, Rio e São Paulo.

Vejamos a televisão, que é uma das maiores invenções do século passado. Eu não posso desprezar esse instrumento, que muda o comportamento das pessoas. Eu vejo televisão, todos nós aqui vemos. No horário de pico, são 51 milhões de brasileiros, negros e brancos, que vêem novelas. Mas, da forma como elas são feitas, isso é um genocídio cultural. Nós somos a maioria nesse país mas, mesmo quando fazemos uma novela que aborda um tema negro, há um viés nessa dramaturgia, que não é negra. Nós entramos em um processo de carpintaria dentro da dramaturgia para levar a história, mas o olho com que vemos aquele trabalho percebe, com certeza, que nós estamos trabalhando em cima de uma dramaturgia branca, mesmo o negro sendo o personagem e interpretando o personagem. Mas a condução branca estabeleceu, há décadas, por um processo de lavagem cerebral, que o poder é alto, é branco, é loiro e tem olhos azuis; e a mulher é loira, é alta e tem olhos azuis. Então, como ocorreu com a minha filha Camila Pitanga, é dito ao ator negro: "Não fica bem você dizer que é negro. Vai te atrapalhar."

Existe uma palavra-chave para nós no meio artístico: é o chamado "papel para negro". Se o ator é escalado para um papel desses, ele tem de aceitar, ou está desempregado. Se a obra não tem nenhum personagem escrito "para negro", você não trabalha. Mas todos nós somos atores. Negro ou branco, ator é ator. Não tem que estar ali escrito: "negro de 30 anos". Não, basta estar: "forte, bonito, bem-apessoado, 33 anos", e você pode dizer: esse sou eu. Mas é raro o diretor que lê isso e diz para um ator negro: "Tem aqui um personagem para você." Que é o que nós queremos.

Certa vez o Boni, na época o homem mais poderoso da TV Globo, me falou: "Eu não sou racista. Eu sou diretor de TV. Existem dois ou três atores que o patrocinador do programa exige, mas os autores não têm nenhuma condição de escolher ou colo-

> O governo não questiona os empresários dos meios de comunicação, porque ele também vende para uma sociedade branca.

car alguém." Mais tarde eu percebi que ele tinha razão. Para eu cobrar dele, precisava cobrar do meu grupo, da minha família. Porque, para um empresário dos meios de comunicação, um detalhe que conta muito na renovação do contrato é o fato de que um ator negro recebe uma ou duas cartas, enquanto um branco da mesma importância na novela recebe quinhentas.

As saídas

Eu vejo hoje uma única saída. Como eu via há 41 anos atrás. Precisamos, primeiro, reconhecer uma instituição como a Fundação Palmares, travar um diálogo com ela e fortalecê-la, criar um espaço de discussão nacional. Mas para isso, primeiro o negro tem que se conscientizar de que precisa aparecer, tornar-se visível. Quando alguém entra em um seminário como este, encontra uma exposição da história do negro, livros, poesia. Mas você só encontra este tipo de material nesses momentos, e ele só é visto pelo mesmo grupo de pessoas que, por terem a cabeça mais aberta, vai sempre a esse tipo de evento. É como o carnaval: você só encontra aquela liberdade visual da afirmação do povo até a quarta-feira de cinzas; depois acabou.

Se existem um Ministério da Cultura e um Ministério da Educação, por que eles não têm nenhuma discussão com os empresários dos meios de comunicação, nem com seus autores? O governo não estabelece esse diálogo porque ele também vende para uma sociedade branca. Toda divulgação do governo é branca, seja da Caixa Econômica, do Banco do Brasil, do BNDES, da Petrobrás. No próprio poder público, nos ministérios, não encontramos nenhum negro. Se nós somos um país de negros, brancos, amarelos e índios, porque nós não somos contemplados na leitura do governo, através dos seus instrumentos, das suas autarquias e empresas? Se ele não tem esse diálogo com a população, jamais poderá estabelecê-lo com os empresários dos meios de comunicações.

Por isso, nas nossas casas, todo comportamento, as bonecas, o modo como criamos nossos filhos, tudo é um outro Brasil diferente de nós. É o Brasil que nós condenamos, o Brasil que não nos dá visibilidade. Se você liga a televisão ou

> Se eu estou me vendo na propaganda, eu compro sabão em pó, pasta de dentes, calcinha, sutiã; se não estou me vendo, não compro.

folheia uma revista, encontra muito pouco da imagem do negro. Eu ensinei muito cedo aos meus filhos a trocar os canais da TV, como eu faço, até achar alguma coisa que me atinja, que tenha alguma coisa com que eu possa me alimentar. Porque eu acho que nós precisamos fazer pressão para nos vermos na mídia. Nós somos consumidores. Se eu estou me vendo na propaganda, eu compro sabão em pó, pasta de dentes, calcinha, sutiã; se não estou me vendo, não compro. Se todos fizerem isso, com certeza, a situação vai mudar. Não dá mais para esperar que mudem por nós. Eu acho que a mudança tem que partir de nós.

O papel do ator negro

Eu acho que nós temos oportunidade de escrever uma nova história. Nós, os atores negros, nos sujeitamos a receber baixos salários, aceitamos representar o papel do serviçal, exatamente porque aí está a nossa oportunidade de mudar a história desse país. Esse é o nosso papel. Porque eu acho que o que vai mudar essa história não são os autores, ou os diretores.

O Brasil é um país partido. Os negros que se tornam conhecidos, o ator, o artista plástico, o poeta, a bailarina, o escritor, são praticamente sempre os mesmos. Nós não temos a chance de desencadear um rosário de vários negros que apareçam simultaneamente. A mídia só dá espaço para o Pitanga, para a Zezé Mota, para o Milton Gonçalves, para o Jorge Coutinho. É assim que a mídia trabalha. Mas tenho consciência de que, para ser o Pitanga, eu estou, sempre estive e estarei na contramão do processo em que está a maioria dos negros. E todos aqueles que estão hoje com uma certa visibilidade têm esta consciência de estar na contramão desse processo. Por isso nós, que estamos na contramão porque somos visíveis, não temos direito de envelhecer nem de morrer. No momento em que um morre, outro deve entrar no lugar, porque temos que animar e incendiar as cabeças e os corações dos jovens. Temos que brigar para que esse Brasil seja de negros, de brancos e de índios, porque não queremos o país do gueto, não queremos o *apartheid* social, cultural, nem racial. Na manifestação que ocorreu em Recife, havia uma cidade inteira gritando para que não nos fechemos em guetos, nem façamos

> No momento em que
> você der visibilidade aos
> negros, você vai eleger
> os seus heróis

nossa discussão apenas dentro deste ou daquele movimento, e, sim, passemos a ser negros em movimento para se travar uma discussão nacional sobre a unificação desse país. Queremos unir esse país, pois por não nos unirmos tivemos várias perdas. Então, eu acho que é hora de nós, que já ganhamos visibilidade na culinária, na cultura, na dança, na música, incendiar esse país porque não há nenhum país no mundo igual a este.

Conhecer e divulgar a história do negro

Nós somos mídia e não o percebemos ainda, porque não nos elegemos enquanto mídia. Se não nos elegermos enquanto mídia nós não teremos heróis, não teremos ídolos. Mas os heróis existem. Eu acho que só nos falta saber lapidar os nossos ídolos e os nossos heróis. Eles estão aí. No momento em que você der visibilidade aos negros e colocar o foco sobre eles, você vai eleger os seus heróis.

Nós precisamos saber quem somos nós, os negros. Temos que fazer muitas perguntas a nós mesmos. Porque, no momento em que as televisões colocam no ar os seus programas e nós não nos vemos neles, nós temos que escrever sobre nós, para mostrar quem somos. E isso dá ibope. Dizem que o negro não dá ibope; mas ele dá Ibope, sim.

Só que nós ainda viajamos numa embarcação escandinava. Então, vemos uma novela passada na Bahia em que parece haver um grande percentual de personagens negros, mas isso é aparente, porque só muito poucos dos personagens principais são negros; o resto é biombo. Não existe vizinho negro. O transeunte que passa na praça é branco. A mãe de uma personagem negra não aparece, a mãe da outra é branca, o pai não aparece. O personagem negro não tem história, não tem família. Ele anda de um cenário para o outro sozinho. Ele é a própria família. Ele é a própria raça em movimento. Foi assim que construímos esse país e é assim que nos conhecemos: escravos, peças de venda isoladas. Por isso precisamos escrever para mostrar quem foram os escravos, como era constituída essa sociedade.

Também temos que ler sobre Milton Santos e Cruz e Souza, temos que ver o espetáculo da Carmen Luz, temos que ver o filme do Joel Zito. Quem não sabe quem são eles, tem que ler. Eu vivi o processo do preconceito na carne nas décadas de 40 a 60, na Bahia. Apesar de ser uma população negra que só perde para a da Nigéria, nós tínhamos espaço limitado para cortar cabelo: aqui se corta cabelo de negro. E havia clube de negro: aqui negro pode entrar. Nós mudamos isso. E nessa época, quem olhar os livros, vai ouvir falar de André Rebouças e de muitas outras figuras. E vejam que paradoxo, que absurdo: estrategicamente falando, naquela época o negro estava em posição muito mais bem colocada que a de hoje. Porque hoje nós vivemos o paternalismo, e aceitamos porque não queremos levantar a discussão nem queremos evocar para nós a discussão. E com medo de que digam que estamos fazendo o racismo ao contrário, nós deixamos o assunto passar e só quando nos encontramos, conversamos sobre isso. Mas temos que colocar essas questões diariamente. Na escola, o estudante precisa fazer perguntas à professora, ao professor: "Quero conhecer a história do Brasil, a real, não essa aí. Quero conhecer a história não-oficial."

É isso que é preciso mostrar. Nós temos a Conferência Mundial contra o Racismo que nos movimenta, nos sacode, nos coloca como parceiros desse processo. Porque o negro não tem a cultura do ódio, do rancor. Então, o Brasil, que é muito novo, pode mudar a partir dessa nova leitura. Porque eu acho que nós podemos mudar. É um exército de cabeças conscientes que pode mudar.

> Quero conhecer a história do Brasil, a real, não essa aí. Quero conhecer a história não-oficial.

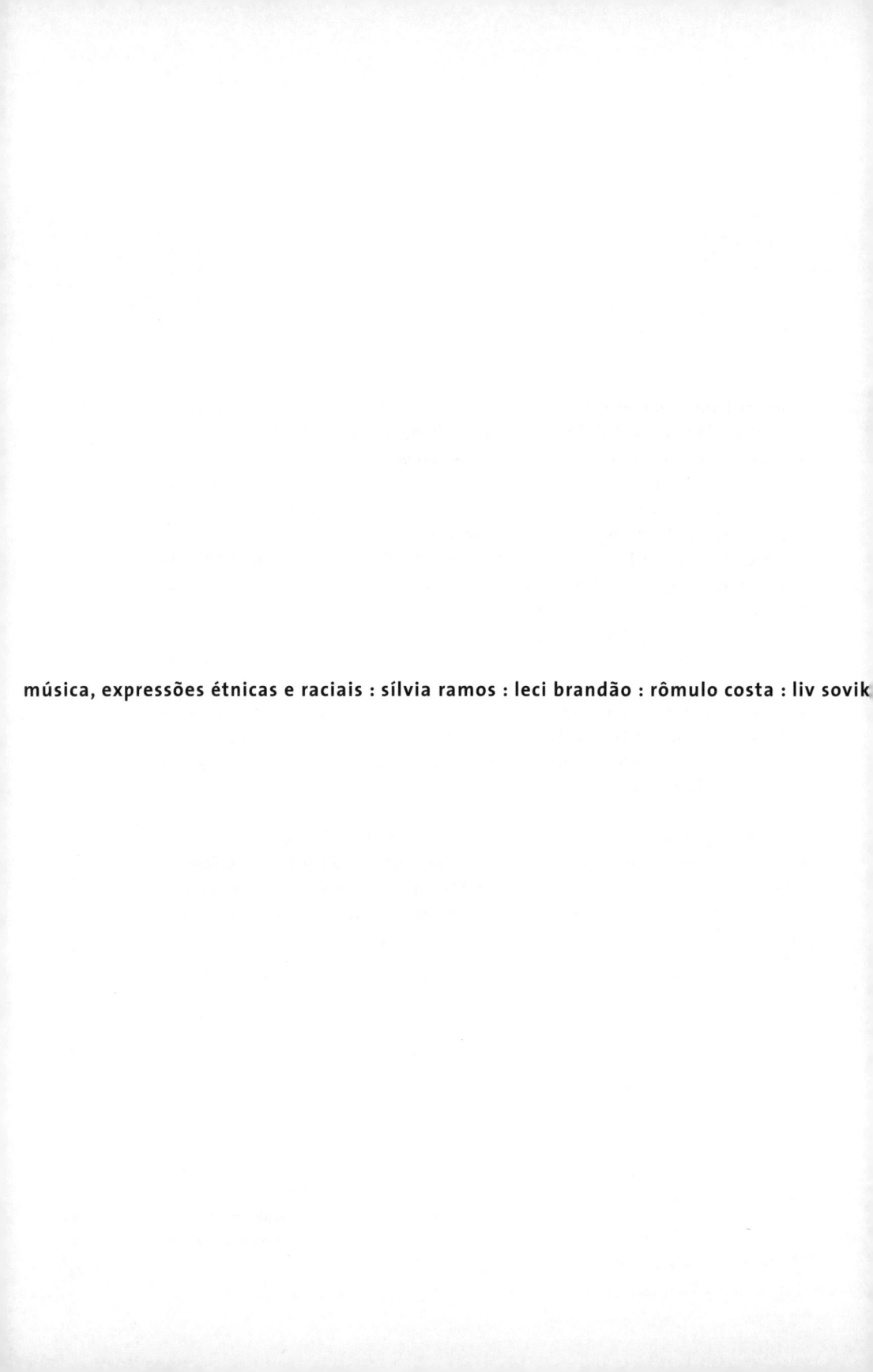

música, expressões étnicas e raciais : sílvia ramos : leci brandão : rômulo costa : liv sovik

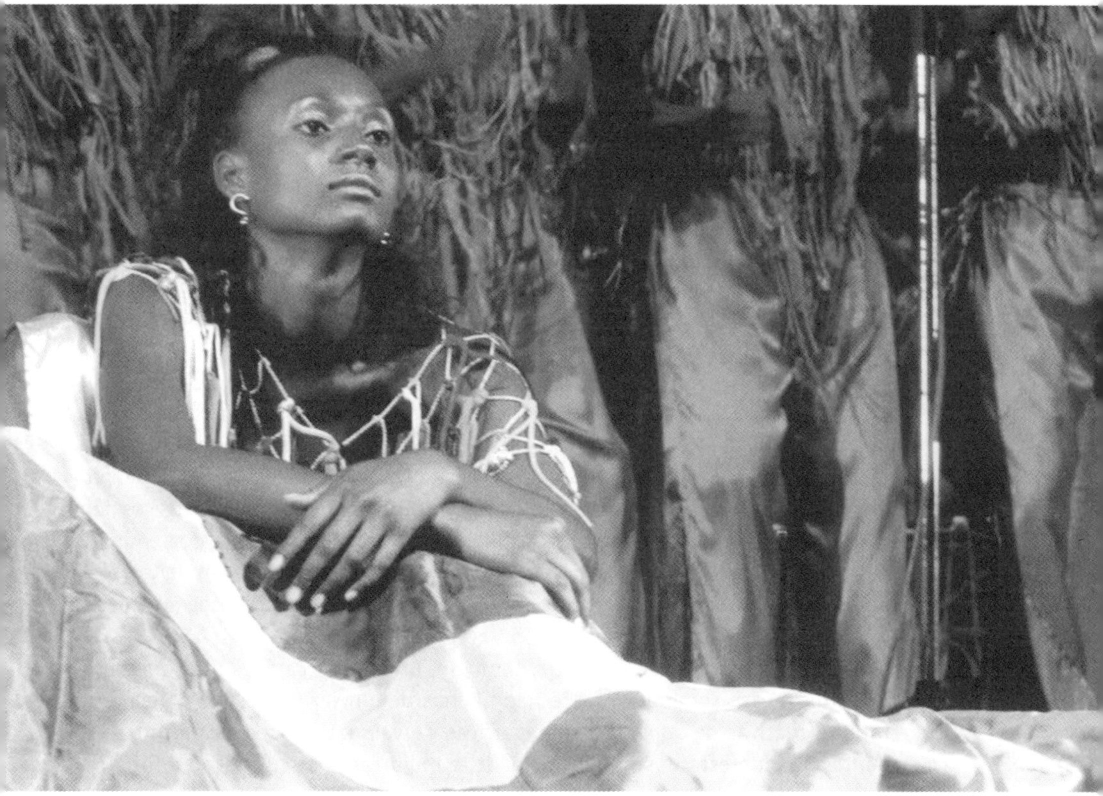

Silvia Ramos

A música é, talvez, o campo da sociedade brasileira que mais incorporou, não só a presença do negro, mas a tematização aberta da problemática racial. Em nenhuma outra esfera da sociedade brasileira se fala tanto das desigualdades e da afirmação da negritude, como na música. É interessante notar que a tradição brasileira, especialmente das elites, é praticamente muda em relação ao racismo e econômica em relação à negritude; mas a música brasileira tematiza racismo e negritude o tempo todo. A presença da temática da negritude na música vem da tradição do samba, atravessa muitas fases da música brasileira e chega, hoje, como expressão máxima ao *hip-hop*, que tem produzido verdadeiros hinos de discussão sobre o racismo, e produz questionamentos abertos ao racismo, indagando-o, desafiando-o, como é da tradição discursiva do *hip-hop*.

Outra preocupação na realização desse seminário foi, não só juntar quem pensa e quem faz, mas incorporar muito profundamente a idéia de que não-negros também pensam a questão negra, a questão do racismo. A presença da problemática racial na música é marcante também entre compositores e músicos não-negros. Não é por acaso que nós escolhemos para ilustrar o *folder* do seminário versos de Caetano Veloso, um não-negro que, a partir da música, tem feito o país pensar muito sobre o problema racial e sobre o problema da negritude no Brasil.

Uma mesa sobre música mostra também um outro caráter que queremos imprimir a esse seminário, que é não apenas denunciar o racismo, mas indicar formas criativas de superar a segregação e de valorizar a presença afrodescendente. Quando estamos na universidade, é importante discutir ação afirmativa, cotas e formas de compensação das desigualdades, mas também é importante olhar para a cultura e para a juventude e compreender, como diz Caetano, que "O certo é ser gente linda e dançar, dançar".

Por isso, após essa mesa de debates, vamos ter, para encerrar o Seminário, a presença de músicos, cantores e compositores, fazendo música.

Não-negros também
pensam a questão
do racismo.

Queremos indicar formas
criativas de superar
a segregação e de
valorizar a presença
afrodescendente.

Leci Brandão

É complicado, para uma pessoa com a minha história de vida, chegar na virada do milênio e sentar numa universidade para falar das questões do negro, porque eu vejo isso acontecer desde antes de 1988. Assisti à criação da Fundação Palmares, assisti tantas coisas, participei de tantos eventos, que achei que ia chegar o momento em que não precisaria mais sentar em mesa nenhuma para discutir os nossos problemas. Mas é importante discutirmos, porque é preciso saber a história que não é oficial, a história verdadeira.

Abrangência da discussão do racismo

Hoje, a discussão do movimento negro é muito abrangente. A questão do racismo tem que realmente transpor barreiras, unir pessoas de várias raças, idades e classes sociais, com respeito cada vez maior pelo cidadão. Tenho 26 anos de carreira, com 17 trabalhos gravados entre LPs e CDs, nos quais há mais de 50 músicas, não só de minha autoria, mas de outros companheiros, que falam sobre as nossas questões. E quando eu digo nossas questões, não falo só da questão do negro, mas também da mulher, do professor, do menor abandonado, do homossexual, do índio, da mulher negra, dos nordestinos, da cultura brasileira que tem Boi-Bumbá, Bumba-meu-Boi, Maracatu, Samba, Reggae, Partido Alto, Chorinho, enfim, uma série de temas. Mas fiquei muito feliz ao ser convidada para falar sobre a mídia, porque nesses 26 anos eu fui bastante discriminada por ela. Mas eu não tenho medo do sistema dominante e sempre falo da mídia, das minhas experiências e das minhas idéias.

Foi dito aqui que nós temos que falar, escrever, cantar, colocar nossas questões em todos os lugares. Eu tenho feito isso desde o primeiro LP que gravei. Todas as vezes em que fui chamada para participar das questões mais sérias desse país eu nunca disse não, eu sempre compareci, apesar dos problemas que tive por isso. A primeira barreira que enfrentei revelou outro tipo de preconceito diferente do racial, e surgiu quando eu já era compositora da Estação Primeira de Mangueira. O Agnaldo Silva, que era editor de um jornal chamado *Lampião* (editado pelo movimento *gay*), me chamou. Eu nem sabia qual era o jornal, mas sabia que era uma

> A discussão do racismo tem que transpor barreiras, unir pessoas de várias raças, idades e classes sociais.

coisa importante, por isso fui lá e fiz uma matéria bonita. Então alguém disse para o presidente da ala de compositores: "Olha, a Leci Brandão não pode ficar aqui não, porque ela deu entrevista para o *Lampião*, e esse jornal é de viado." E só continuei na ala porque o presidente não aceitou a pressão.

O fato mais recente de que participei foi a indicação da música de um garoto chamado Rappin' Hood, do *hip-hop*, para um prêmio em São Paulo. Ele me convidou para participar de uma música da autoria dele, chamada *Sou negrão*. A banda que me acompanha fez o arranjo e nós fizemos um clipe na escola de samba de que ele gosta, Imperador do Piranga, que é muito simples. Curiosamente, a direção da emissora MTV, que promovia o prêmio, não permitiu, no dia da festa, nem a minha participação, nem a da rapaziada do samba que gravou com ele, e que aparece no clipe. E ele, infelizmente, não ganhou o prêmio.

Também noto a repressão que é exercida sobre o aspecto religioso da cultura negra. De 1985 para cá, sempre as últimas faixas dos meus discos têm uma saudação para um dos meus orixás, Ogum e Iansã. Por isso tenho percebido bem diretamente a dificuldade que existe para colocar discos com esse tipo de referência em muitas emissoras de rádio, principalmente as que sofrem a influência de grupos evangélicos.

A comunidade do samba

Durante nove anos eu comentei o carnaval na TV Globo, e recebi até o apelido de Leci Brandão Comunidade porque sempre falava com muito carinho e respeito sobre as pessoas da chamada comunidade do samba durante os desfiles. Essa experiência ajudou-me a acompanhar as mudanças que ocorreram nessa comunidade.

No meu primeiro LP, de 1975, há uma música intitulada "Grêmio Recreativo Escola de Samba, 75". Essa letra já anunciava o que ia acontecer com as escolas de samba. Ela diz o seguinte: "Vou fundar uma escola de samba de pouca riqueza e muita verdade, de gente valente cheia de vontade, será muito mais do que simples diversão". Eu não poderia imaginar que, nos últimos anos, nosso povo de samba não tivesse mais condições de mandar no samba. Hoje em dia, o sambista anônimo dificilmente é focalizado pelo câmera da TV que transmite o carnaval. As imprensas carioca, brasileira e mundial colocam nas suas revistas e nos seus jornais os famosos, os modelos, os *vips*, e esquecem que as pessoas do samba, que podem ser negras ou não, são as responsáveis por essa festa, elas criaram isso que eles estão vendo.

Antigamente, no tempo da Praça 11, o samba era perseguido pela polícia, não se podia batucar. Muitos sambistas foram presos: Ismael, Pixinguinha, todo mundo foi perseguido. Só que a polícia não sabia direito o que era batuque de macumba e o que era de samba. Então, o pessoal dizia que ali era um terreiro; batucava e disfarçava a questão. Quando ainda não havia arquibancada, o desfile de carnaval era na Presidente Vargas; a nossa família podia assistir, levava uma sacolinha com galinha assada, farofa, laranja descascada, cachorro quente, e via a escola passar sem problema. Depois inventaram a arquibancada; tudo bem, o ingresso era cobrado, mas as pessoas ainda iam lá. Mas a partir do momento em que entrou a televisão, o desfile começou a virar um grande acontecimento, passou a ser interessante para os oportunistas saírem em escola de samba. O samba deixou de ser coisa de morro, de crioulo, do povão. A cor da cidade mudou, a cor da escola de samba mudou, porque tiraram as passistas, tiraram os destaques das escolas, que antes eram pessoas que bordavam sua roupa por conta própria. Então, o jornalista desavisado chega na avenida e pergunta: "Quais são os destaques?" "É o fulano." "Não, eu quero saber os famosos." Eles tomaram o lugar do povo do samba. E tem mais: escola de samba presidida por cidadão comum, cai logo para o segundo grupo. O povo do samba, infelizmente, deixou que as escolas fossem tomadas. E isso eu cobro do movimento negro: por que ninguém se reúne, por que ninguém fala, por que ninguém faz passeata dentro da escola?

> A imprensa mostra os famosos e esquece que as pessoas do samba, negras ou não, são as responsáveis pela festa.

> O samba deixou de ser
> coisa de morro,
> de crioulo, do povão.

A mídia, o samba e o *funk*

Um crítico do jornal *O Globo* comentou meu último lançamento, que foi um CD gravado ao vivo, citando só uma música chamada "Valeu", do Leandro Duarte (do Arte Popular). Mas não lembrou uma música que fala do menor abandonado, do Zeca Pagodinho e do Pedrinho da Flor; nem a que fala contra a violência, de minha autoria, chamada "Deixa Deixa"; nem a música "Zé do Caroço", de um líder comunitário do Morro do Pau da Bandeira; nem "Anjo da Guarda", que é uma música em homenagem à educação e aos professores desse país. Os críticos não falam das músicas que tocam nas questões sociais. Quem toca na ferida tem que ser marginalizado. Sambista que se apresenta com um recado pesado, dizendo verdades, não interessa para o sistema; porque existe o samba que nos interessa, e o samba que interessa para a mídia. Um exemplo é o que aconteceu com o pagode. Pagode não é nada disso que está em moda hoje: foi a mídia que deu esse nome. Quando eu comecei no samba, pagode era festa. Nós dizíamos: "Vou fazer um pagode na quadra, um pagode aqui em casa." Agora isso mudou, por pressão da mídia. O mesmo aconteceu com o *funk*. Porque existe o *funk* que nos interessa, e o *funk* que interessa para a mídia. O *funk* que apareceu na mídia é o que eles queriam, porque sabiam que ia pegar. Com ele todo mundo ganhou dinheiro e a moçada séria não conseguiu espaço.

A maior crítica feita ao *funk* é em relação às letras. É possível criticar, mas também temos que tentar explicar as coisas. Eu sei que a maioria dos jornalistas não suporta essa turma jovem que faz samba e *funk*, porque suas letras não são boas; mas há uma coisa que nunca ninguém lembra. É que o ensino está falido. O ensino da geração passada de músicos foi um, o ensino dessa nova geração foi outro. Estes enfrentaram greve de professor, falta de escola, escola sem sala de aula, sala de aula sem carteira, mães que não conseguem matrícula para seus filhos. Enfim, os jovens enfrentam uma série de dificuldades para estudar. Independente disso, você antigamente chegava no colégio e tinha matérias para estudar, tinha que ler antologias, tinha que ler livros, tinha que saber tabuada, geografia. Hoje a prova é de múltipla escolha, o estudante pode passar de ano sem saber nada. Até a televisão não dá nada, a não ser para quem tem canal pago, que tem oportunidade de ver bons programas. A TV aberta não contribui em nada para melhorar a cultura, muito pelo contrário.

Então, tudo isso deve ser lembrado antes de se começar a cobrar dos jovens que eles façam letras maravilhosas como faziam Chico Buarque, Caetano Veloso, Milton Nascimento, Alceu Valença. A esse respeito, aliás, existe algo que eu não entendo bem. Na época da ditadura, muitos artistas consagrados da música popular brasileira faziam músicas de protesto, porque era uma coisa que estava na moda, era *in*. Hoje a situação está muito pior que na ditadura, mas esses compositores se acomodaram e nunca mais falaram nos problemas.

Acho que às vezes o sistema se utiliza muito da ingenuidade dessa garotada que está aparecendo na mídia. Porque, na verdade, hoje não é preciso mais ter talento, cantar, fazer uma letra boa; a avaliação é feita pela foto. Se a foto é bonitinha, a pessoa é contratada. Se tem um corpo maravilhoso de academia, é contratada. E existem muitos rapazes e muitas moças que estão fazendo trabalhos bons, que estão escrevendo músicas maravilhosas, mas que não conseguem aparecer. Acabaram-se os festivais de música, e não é dada oportunidade para ninguém. Eu conheço muitos rapazes de comunidade aqui no Rio de Janeiro que têm letras iguais ou melhores que as de compositores de sucesso, mas que jamais vão ter oportunidade de aparecer. Por que? Às vezes, só porque o outro é branco e filho de uma pessoa influente, e o garoto da comunidade, não. Eu não tiro o mérito do que fez sucesso, mas gostaria que fosse dada para essas outras pessoas a mesma oportunidade que deram a ele. Então, acho que devemos discutir o que se pode fazer sobre isso, pois o sistema põe esse pessoal no apogeu, sem, na verdade, estar produzindo cultura, e ganha muito dinheiro com esses pobres inocentes.

> Na época da ditadura, muitos artistas faziam músicas de protesto. Hoje a situação está pior, mas eles se acomodaram.

> Existem muitos rapazes e moças fazendo trabalhos maravilhosos, mas que não conseguem aparecer.

Busca de alternativas

Eu não sou filiada a nenhum movimento ou partido político. Eu sou chamada para as atividades porque, coincidentemente, aquilo que eu escrevo e canto, a minha postura, tem afinidade com as coisas que muitas pessoas desse país fazem. Mas eu fico pensando o seguinte: há quanto tempo eu falo das mesmas coisas, há quanto tempo nós nos reunimos para falar disso? Por que o resultado do Censo mostra que somos a metade ou mais da metade do país, mas não conseguimos resolver nossas questões? Será que realmente estamos prestando atenção nas coisas? Estamos nos unindo?

Pergunto isso porque vejo que dentro do próprio movimento negro existe separação, que há falta de consenso na política. Temos, às vezes, pessoas maravilhosas que se candidatam, e podemos contar nos dedos quem chega a se eleger. Porque não temos nem consciência da necessidade de fazer uma união suprapartidária para eleger aquele que vai realmente resolver as nossas questões. Assim, acabamos não tendo uma representação digna no Congresso Nacional, negros que nos representem e lutem pelas nossas questões. Eu não quero dizer que você tem que votar numa pessoa só porque ela é negra; mas que existem muitas pessoas negras que são capazes, que poderiam ter uma oportunidade. E nós não damos a elas essa oportunidade.

Eu acho que existem alternativas. Porque eu vejo que a juventude está prestando atenção a muita coisa. Os estudantes estão antenados. Acho que a única forma de melhorar tudo isso é resolver a questão da oportunidade, da base, da educação: se o Estado exercer o seu papel, se der ao garoto da comunidade educação e todas as oportunidades, ele não vai precisar buscar outros caminhos, que todos sabem exatamente quais são. Esse é um grande desafio. O garoto que liga a TV, só vê boa vida, porque a novela faz um quadro muito bonito do mundo, e ele acha que tem que ter aquele tipo de vida que está sendo mostrado. Mas o pai dele está desempregado, a mãe também, ele tenta estudar mas não consegue vaga na escola, se fica doente não tem hospital, o poder público é falido e não resolve nada. Então, o modelo que o garoto encontra é o dono do morro, que todo mundo conhece e que é visto como o xerife, o Robin Hood, o Zorro. Mas ele também está ligado ao tráfico, às drogas. Se o jovem tem uma boa estrutura familiar, pode receber uma orientação e fazer a melhor escolha; mas ele precisa ser ajudado nisso.

Um papel importante nesse momento cabe ao cantor que conserva seus laços com a comunidade, que vem de origem humilde, que convive no meio do samba, no meio do morro, que sabe de tudo, convive com tudo, e conhece os problemas de quem vive lá, como a existência dos donos do morro, do tráfico, das drogas. Ele não precisa ter ligação com traficantes, porque eles o respeitam se sabem que ele vai apenas cantar de graça para uma comunidade que não tem cinco ou dez reais para assistir um show em um clube ou teatro. Esse cantor tem que fazer o seu papel na hora em que vai cantar no morro: tem que ter coragem de chegar lá e dar o seu recado, dizer da importância da educação, da oportunidade que cada pessoa ali tem que ter. Quando canto na comunidade, eu não mudo o roteiro do show que faço na universidade ou no teatro. A música, o recado e as coisas que a gente fala têm que ser as mesmas. E o recado que eu dou na universidade, onde só tem gente que estudou, que sabe exatamente quais são as finalidades do trabalho político e social, é o mesmo. E quando eu vou cantar na cadeia, deixo o mesmo recado: a esperança de que um dia eles possam sair dali, que se recuperem e que não voltem mais.

> Se o Estado der ao garoto
> da comunidade educação
> e todas as oportunidades,
> ele não vai precisar buscar
> outros caminhos.

Rômulo Costa

Este seminário é uma oportunidade para falar sobre dois tipos de músicas que nos últimos anos se tornaram muito característicos dos jovens moradores das favelas das grandes cidades brasileiras: o *funk* e o *rap*.

O *rap* e o *funk* são coisas diferentes. O *funk* é uma música mais alegre, mais descompromissada; já o *rap* é mais consciente. A garotada que compõe *funk* diz: "O *rap* fala da nossa realidade, chega a ser uma coisa triste, porque a gente já está vivendo nessa realidade. A gente quer um pouco de alegria." Então, no *funk* há umas letras mais satíricas, como *Ah, eu tô maluco*, *Tira a camisa* e *U te rê rê*, entre outras, que surgiram no Maracanã. Por ser mais crítico, o *rap* sempre foi muito mais marginalizado que o *funk*. Nunca teve espaço na mídia. Só quando um *rapper* é contratado por uma multinacional é que ele tem espaço na mídia; mas quem faz o verdadeiro *rap*, como os grupos Pavilhão 9 e Racionais MCs, não consegue espaço para tocar, para se apresentar na TV ou em um especial.

O *funk* no Brasil

O movimento *funk* no Brasil tem 35 anos e passou por várias etapas. O primeiro passo foi tirar o *funk* da marginalidade para ser discutido nas universidades. Antes de conseguir chegar a isso, os bailes *funk* chegaram a ser proibidos, e num primeiro momento ninguém conseguia conversar com as autoridades para tentar reabri-los. Depois começou a haver um diálogo e os bailes voltaram. Na época era questionado o tipo de música tocado; quem criticava dizia que as pessoas que iam para o baile não sabiam o que estavam cantando ou o que estavam ouvindo. Realmente, só se tocavam músicas estrangeiras. Então, os garotos iam para o baile cantando samba-enredo de carnaval: eles não cantavam as músicas *funk*, porque eram internacionais. Por causa disso, os garotos foram incentivados a fazer suas músicas, para que todo mundo soubesse as letras. Nesse momento, apareceu o primeiro grande fenômeno, "O que eu quero é ser feliz e andar tranquilamente na favela onde eu nasci". Sem ajuda de ninguém, os garotos começaram a aparecer. Naquele momento, essa foi a segunda música mais executada no Brasil, até fora das favelas, até nos bairros

> O funk mudou o referencial da cidade: onde antes apareciam os traficantes, começaram a aparecer os MCs.

com o metro quadrado mais caro do mundo. E o pessoal estava sozinho nesse barco, porque o *funk* não foi lançado pela televisão: ele sempre foi uma coisa independente, uma cultura do morro.

O *funk* mudou indiretamente o referencial da cidade: onde antes apareciam os traficantes, começaram a aparecer os MCs (Mestres de Cerimônia). Lá no Morro do Salgueiro é o Claudinho Buchecha, na Rocinha é o MC Galo, na Cidade de Deus é o Cidinho Doca. Os garotos passaram a se ver na televisão e isso incentivou os colegas, os amigos que tinham neles seus verdadeiros ídolos. Porque eles viram uma luz no fim do túnel: "– Se a gente fizer uma letra de música, a gente pode aparecer igual a nossos irmãos que estão na televisão cantando, que não são traficantes, mas que estão com carro, com telefone celular, comprando apartamentos."

> A única oportunidade para a pessoa que morava na comunidade, antes disso, era ser traficante ou jogador de futebol.

> A garotada está querendo ir para a escola para aprender a ler e escrever, para fazer uma letra de rap ou funk.

Pressões sobre o *funk*

O *funk* mudou tudo isso no Rio de Janeiro. Mas ainda hoje, onde tem baile *funk*, a polícia vem e fecha. Oficialmente é porque a organização do baile tem que cumprir as exigências do Corpo de Bombeiros e do Juizado de Menores. Mas isso é política. Quer dizer, o *funk* criou uma pressão, porque essa garotada antes não estudava, mas agora está querendo ir para a escola para aprender a ler e escrever, para fazer uma letra de *rap* ou *funk*. Essas letras puxam para o estilo americano porque é o que eles sabem fazer. E muitas pessoas se incomodaram porque os garotos iam para a televisão e cantavam músicas erradas: "O *funk* é legal, mas eles cantam com o português errado." Esquecem que esse é o português que os garotos aprenderam. Mas o *funk* deu novas oportunidades para esses garotos. A única oportunidade para a pessoa que morava na comunidade, antes disso, era ser traficante para ter poder e dinheiro, ou ser jogador de futebol. Mas através da música eles conseguiram galgar um espaço na sociedade. Então, é um movimento que tinha que ser apoiado, porque a juventude precisa estar se ocupando. Se não conseguimos ter uma Vila Olímpica em todos os morros do Rio de Janeiro, vamos ter pelo menos um espaço em que os jovens possam se distrair.

As pessoas criticam as letras do *funk*, como "Um tapinha não dói", mas esquecem de criticar as letras de outras músicas, como as crianças dançando na boquinha da garrafa, "joga pedra na Geni" ou as letras do grupo Mamonas Assassinas. Esses, todos acharam maravilhosos. Mas se um grupo de favelados tivesse esse nome e cantasse essas letras, todo mundo seria preso. Por isso as músicas do *funk* são muito policiadas: os garotos recebem a recomendação de cuidar da letra para evitar as perseguições. Se o "tapinha" foi um escândalo, imaginem se saísse a versão original, que era bem mais pesada. Existe também um *funk* proibido que faz exaltação aos traficantes, mas em geral não é permitida a apologia de traficantes e drogas.

O *funk* está passando por uma fase muito difícil. Existem letras de garotos das comunidades que falam realmente da realidade, mas as músicas conscientes não interessam a ninguém. Sabemos que vai levar um tempo para a juventude se conscientizar e aceitar essas letras; mas nós não temos esse tempo porque não temos espaço. O espaço da mídia, a televisão, o rádio, tudo é pago, e é muito caro. Por isso, o *funk* é obrigado a fazer uso desse imediatismo das músicas com letras fáceis, de refrão fácil, para que as pessoas assimilem rápido e comprem os discos.

O outro problema é que as multinacionais querem a execução das músicas delas. Elas não aceitam que um ex-favelado venda um milhão de cópias do seu CD, e uma multinacional não consiga vender 50 mil. Então, os espaços se fecharam. O rádio tirou o *funk* do ar. Ele também não tem espaço na televisão. As rádios comunitárias conseguem ter mais audiência que as rádios oficiais, porque estão falando da cultura local, do barzinho da esquina, da rua da esquina. Mas os poderosos acabam fechando essas rádios. Então, o *funk* vai se acabando, se afunilando. Quem não entra no sistema, acaba.

O espaço da mídia é pago e é caro; por isso, o funk é obrigado a fazer letras fáceis, para que as pessoas assimilem e comprem.

Liv Sovik

***WHAT A WONDERFUL WORLD*:**
MÚSICA POPULAR, IDENTIFICAÇÕES, POLÍTICA ANTI-RACISTA

Tem gente que toca música. Tem gente que é tocada por música. Eu sou do segundo tipo, sou tocada por música sem tocá-la. Vou tentar descrever o impacto da música popular em mim, nos termos que são próprios de minha inserção social: a partir da academia, onde é possível fazer e perseguir uma pergunta até esgotar nossa compreensão dela.

Nesse caso, a primeira pergunta é: de que maneira a música constitui informação? É uma questão que me intriga desde quando fazia tese de doutorado sobre o tropicalismo. Só conseguia entender bem as entrevistas e os textos sobre música depois de ouvir os discos aos quais se referiam. Comecei a me perguntar, desde dentro de uma academia especializada em conhecimento não sonoro, qual o lugar do impacto da música em nosso processo de conhecimento. O mais comum, no âmbito da teoria da cultura, é pensar essa questão a partir da estética, em termos filosóficos; mas eu queria fazê-lo no âmbito das políticas culturais, das relações sociais.

Assim, quando parei para dimensionar o problema de como nosso afeto está envolvido com o conhecimento, fiz as perguntas dentro de um contexto que todos conhecemos: a produção de uma identidade brasileira na mídia e na cultura de massa. Como é que o afeto nos liga a histórias que a gente sabe que são costuras, construções que juntam peças díspares – classes sociais, etnias, raças, gêneros e orientações sexuais diferentes, com interesses diferentes –, essas peças que compõem a população brasileira? E aqui está a segunda pergunta, que é sobre mídia e racismo: de que maneira o discurso hegemônico recicla e renova as hierarquias racistas na cultura de massa e as legitima? Estamos acostumados a pensar em termos do "encobrimento" dos conflitos. Mas o que adianta negar a fachada, revelar verdades? Discursos identitários suscitam identificações de grupos diferentes, fundam a comunidade apesar do impacto afetivo de diferenças abismais. Por isso, a descoberta da "falsidade" de discursos identitários não a explica.

> É o povo da rua na dança
> do carnaval, o povo a um
> só tempo desiludido e feliz
> em sua sensualidade.
> É o subalterno.

Nóis sofre, mas nóis goza

Às vezes, existem frases que caem do céu, destacam-se de repente de nosso ambiente, como destilações de opiniões e posições presentes na sociedade. Em se tratando do discurso hegemônico que costura as diferenças sociais, a frase é de José Simão, o macaco do caderno "Mais" da *Folha de S. Paulo*. A frase não foi inventada por Simão; sua origem é pouco clara. Em todo caso, sabe-se que circulava como chavão, com a pronúncia que a grafia sugere, nos anos 50 e 60 do século XX. "Nóis sofre, mas nóis goza", um clichê que todos reconhecemos e que Simão usa como bordão, é cheia do impacto do afeto, de sofrimento e gozo, da convivência dos dois.

Em "Vendeu a mãe pra comprar o presente", publicado no dia 14 de maio de 2000, Simão escreveu: "E sabe quais são os três próximos grandes projetos do Don Doca FHC? Ajudar o sistema financeiro, ajudar o sistema financeiro, ajudar o sistema financeiro! E nóis com o sistema nervoso. Rarará. Nóis sofre, mas nóis goza. Hoje, só amanhã. Acorda, Brasil! que eu vou dormir! UFA!"

É a clássica afirmação do gozo contra a tensão gerada pela pobreza. É assim que o discurso dominante expressa "dó" das classes subalternas. E é assim que os estrangeiros visitantes observam os brasileiros. Em 1500, Pero Vaz de Caminha escreveu que, por inocência, homens e mulheres da terra deixavam de cobrir suas vergonhas; hoje, dizem, os nativos convivem com a pobreza, ou vivem nela, sem perder a alegria de viver.

Com grafia incorreta e sem sutileza de sentimento, a frase evoca um povo consciente de sua condição, inculto e despreocupado. É o povo da rua na dança do carnaval, o povo a um só tempo desiludido e feliz em sua sensualidade. É o subalterno. O discurso hegemônico, quando enfatiza a dimensão afetiva do subalterno, associa-o ao feminino e ao negro. Marilena Chauí, em *Brasil: Mito fundador e sociedade autoritária* (editado pela Fundação Perseu Abramo em 2000), faz um apanhado das características psicológicas do brasileiro, desenhadas por diversos autores de importância histórica. A autora mostra que Afonso Celso (1860-1938) identificava como características dos negros: sentimentos afetivos, resignação, coragem, laboriosidade e sentimentos de independência. Manoel Bonfim (1868-1932) encontrava "afetividade passiva" e "dedicação morna, doce e instintiva" na influência negra sobre as características psicológicas do brasileiro. Para Gilberto Freyre (1900-1987), havia "sexualidade exaltada" entre os índios; "maior bondade" entre os negros; "riqueza de aptidões incoerentes, não práticas" nos portugueses. O resultado para os brasileiros era "sadismo no grupo dominante, masoquismo nos grupos dominados".

Como sabemos, e como a frase que Simão repete nos lembra, as classes dominantes branco-mestiças no Brasil costuram com carinho e cordialidade as divisões sociais, divisões que seguem linhas étnico-raciais e de classe, e que têm conotações de gênero. Na frase "nóis sofre, mas nóis goza", que parodia a identidade brasileira, José Simão aciona a memória da associação: brasileiro-mulher-negro-índio, cuja síntese é a mulher mestiça, sexualmente disponível e sem grandes ambições ou capacidades produtivas.

> O racismo, o imperialismo e a dominação sexista têm em comum o uso do consumo para afirmar poder e privilégios.

> O consumo tolerante de discursos antagônicos é a atitude de quem se encontra em posição de superioridade.

Consumo *versus* protesto

Deploramos a situação em maior ou menor grau, dependendo de nossa consciência, de onde estamos situados e do quanto temos que lidar com a violência, antes da aproximação, entre setores sociais. Enquanto isso, os brancos curtem Pixinguinha, Cartola, Paulinho da Viola, Carlinhos Brown, Virgínia Rodrigues, Elza Soares e muitos mais. O consumo acontece dentro de um ambiente de harmonia que não contradiz a afirmação hegemônica de que está tudo bem. Devemos perder a inocência de nossos gostos, amarrá-los na política? Temos que politizar o chorinho e fazer reflexão crítica a partir do samba? Essa pergunta, quero deixar para o final.

Antes disso, há que se dizer que existem gostos que são ligados ao político e suscitam questões da política da cultura; por exemplo, Mano Brown, dos Racionais MCs, em o "Diário de um Detento". Como conciliar nossa percepção do racismo cordial e a consagração de "Diário de um Detento", sua entrada na cultura hegemônica nacional, com o Prêmio Escolha de Audiência da MTV em 1998? Ou, retomando a pergunta original: o que tocou, o que moveu a classe média branco-mestiça e o que é que ela apreendeu com o impacto da música?

O *rap* entrou no repertório da mídia nacional hoje, ou em 1998 pelo menos, depois de dez anos e presença na periferia. Talvez seu sucesso recente decorra da percepção do volume de suas vendas, uma valorização a partir do sucesso, critério clássico para a veiculação pela mídia. Ou talvez se explique nos termos que propõe bell hooks, crítica feminista afrodescendente dos EUA, que reúne o racismo branco, o imperialismo e a dominação sexista pelo uso comum do consumo para afirmar poder e privilégios. O gosto dos *playboys* pelo *rap* dos Racionais, seu consumo tolerante de discursos antagônicos a seus interesses e a conseqüente integração do *rap* à cultura de massa hegemônica seria a atitude de quem se encontra em posição de superioridade hierárquica. Assim, nos termos de hooks, a frase certa para descrever o uso que os setores sociais dominantes fazem da cultura de seus outros seria "eles sofrem, nós gozamos".

Mas a identidade desse "eles" muda com o *rap*. Enquanto os Racionais MCs fazem poesia a partir de sua percepção do racismo branco e da resistência negra, colocam em cena e – mais importante – em música, a onipresença muda no Brasil da opressão e da violência. A popularidade repentina do rap brasileiro, sua participação na cultura hegemônica brasileira, talvez seja evidência de uma nova elaboração da autoconsciência brasileira. Essa reelaboração enfatiza o fato de que a segurança física está ao alcance de poucos, e a guerra civil de baixa intensidade entre os "excluídos" e as autoridades, envolvendo traficantes de drogas e polícia, é uma parte permanente do cenário contemporâneo. Junto com a cordialidade que parece imperar nas relações entre grupos díspares e antagônicos e que permite que a classe média afirme carinhosamente "nóis sofre, mas nóis goza", outros valores sociais regem o cotidiano. O consumo branco do *rap* implica, portanto, uma nova apreensão das relações sociorraciais.

Em suma, esse consumo é uma forma de afirmar a violência das relações sociais; significa identificar-se com uma espécie de música de protesto. Música de protesto nos lembra os anos 60 e aí poderíamos afirmar, como o fez Walnice Galvão ao analisar a MPB de um ponto de vista ideológico, que o consumo do *rap* pela classe média branca talvez seja um substituto para a ação. Mas Francisco Carlos Teixeira, falando neste mesmo auditório da Universidade Candido Mendes, alguns meses atrás, no seminário Da Bossa Nova à Tropicália, disse que cantar uma música de protesto em circunstâncias de perseguição policial pode, sim, ser ação política. Os *rappers*, cujos primeiros shows na periferia sofriam de repressão policial, certamente sabem do que ele estava falando. Em todo caso, existe uma gama de possibilidades de interpretações sociológicas, entre artistas e consumidores. Mas o problema dos argumentos sociológicos sobre cultura é que eles esquecem a diferença entre cultura e ação política, entre gosto e convicção. Procuram organizar os consumidores em setores sociais, tribos urbanas, raças, jovens, pessoas de meia-idade, supremacistas brancos, anti-racistas. Até que a própria música perca a graça, embora o motivo de ouvir um disco seja o prazer de ouvi-lo, saber como é. O que fazer, então, com o gosto pela música que nos descansa e diverte?

> Louis Armstrong, deixando fluir tantas coisas do interior da música, fez Charles pensar em qual seria o lugar para um homem como esse, e para o povo que o gerou.

Experiência estética e visão de sociedade

Para tentar responder a essa pergunta, igualmente relacionada com o impacto afetivo da música, gostaria de pensar menos nas regras e condições hegemônicas do consumo do que nas possibilidades do indivíduo, que escolhe caminhos para seu consumo e sua ação profissional e política. Vou descrever o caso de um homem citado no recente documentário televisivo sobre *jazz* de Ken Burns. O caso ocorreu 70 anos atrás, com Charles L. Black Jr., professor de Direito Constitucional da Columbia University e de Yale, que morreu em maio deste ano. Ele contou a história de quando tinha 16 anos, em 1931, e era um calouro brilhante, estudante de letras clássicas na Universidade de Texas em Austin. Querendo divertir-se, entrou em um salão de bailes no Hotel Driscoll em Austin. Deparou com Louis Armstrong, tocando. Nunca tinha ouvido falar do músico. Mas disse, anos mais tarde, que foi o primeiro gênio que viu na vida, e que seria impossível exagerar o significado, para um menino americano sulista de 16 anos, de ver genialidade em um negro. Pois no sul dos EUA os homens negros eram sempre vistos como serviçais, e eram considerados toleráveis apenas se ficassem em seus lugares. Mas Armstrong, deixando fluir tantas coisas do interior da música, fez Charles Black pensar em qual seria o lugar para um homem como esse, e para o povo que o gerou.

Em suas aulas de direito, Charles Black sempre lembrou essa história. Desde 1971, anualmente, no aniversário de Armstrong, ele juntava alunos e colegas em uma "Noite Armstrong", onde tocava seus discos 78 RPM. E ligava essa revelação juvenil e seu amor pelo *jazz* à sua devoção à causa da igualdade racial. Ele próprio se destacou pela primeira vez ao contribuir com peças processuais para derrubar a lei da segregação racial na educação, em um processo argüido diante da Corte Suprema em 1954, conhecido como Brown *versus* a Junta de Educação. O caso tratava de uma menina negra de dez anos, Linda Brown, que tinha que andar 23 quarteirões para ir à escola, quando havia uma escola branca a quatro quadras de sua casa. O caso, levado à Corte Suprema pela NAACP (National Association for the Advancement of Colored People, fundada em 1909), importante organização do movimento negro norte-americano, foi argüido por Thurgood Marshall, que mais tarde tornou-se o primeiro juiz negro da Suprema Corte. A sentença abriu o

> Se as convicções anti-racistas de Black se originaram em uma experiência estética, sua força prática se encontrou no âmbito político do direito.

caminho, no campo jurídico, para a luta pelos direitos civis que tomou conta dos EUA no final dos anos 50 e início dos anos 60, ao derrubar a justificativa legal para a desigualdade. A separação dos grupos raciais leva, inevitavelmente, à desigualdade, disse.

A primeira vez em que Black tornou-se um homem público foi, então, com uma contribuição voluntária de trabalho à causa da dessegregação, causa na qual continuou trabalhando. Muito tempo depois, ainda defendia a decisão da Suprema Corte dos críticos e estudiosos que achavam que ela não se justificava com relação a qualquer "princípio neutro", ou qualquer princípio de igualdade. Em algum momento ele respondeu que, se uma raça inteira de pessoas era confinada em um sistema criado para mantê-la em inferioridade, e se essa situação era apresentada como um tratamento "igual", a única resposta possível aos seus defensores era o riso.

Black era eclético, inclusive profissionalmente. Na crise de Watergate, escreveu o texto de interpretação constitucional do *impeachment* que é definitivo até agora. Escreveu um livro sobre a pena de morte, que também partia de suas convicções sobre a igualdade racial. Em co-autoria, escreveu um importante manual de Direito Marítimo. Pintava quadros. Três livros de poesia de sua autoria foram publicados. Ainda professor, desempenhou o papel de Cícero em produção profissional de "Júlio César", de Shakespeare. Tocava trompete e gaita de cowboy – que aprendeu com um ex-escravo. Tinha mestrado em literatura medieval inglesa e, no final da vida, publicou um livro sobre os direitos econômicos implícitos na Nona Emenda à Constituição dos EUA, enquanto, como amador, estudava as sagas da Islândia. No meio da diversidade de seus interesses, a experiência de seu encontro com Louis Armstrong e sua música foi uma referência para Black a vida toda, uma história contada e recontada para gerações de estudantes. Essa história e a de quem a conta merecem atenção, na procura de elementos para entender como a música é informação, em contexto político-cultural racista, sem reduzir a experiência do ouvinte a um didatismo contra-ideológico ou ao reforço do *status quo*.

A experiência de Black nos ensina que, por mais que os valores hegemônicos pautem nossas atitudes, o efeito da cultura de massa e, no caso, da música, quando projeta um Outro na tela de nossa imaginação, não é previsível. Sem medo, Black exerceu sua liberdade de gostar do que ouviu e pensar a respeito. Levado pela admiração pela música de Armstrong, deixou de se alinhar com os valores de sua classe, raça e meio social. Mas se as convicções anti-racistas de Black se originaram em uma experiência estética, sua força prática se encontrou no âmbito político do direito constitucional, na lógica de suas interpretações e, como destacou um admirador em nota fúnebre, na busca dos ensinamentos da história, da moral e da experiência, como refutação da "noção estéril e ideológica que a Constituição deve ser interpretada somente pelo critério das autênticas intenções dos *Pais Fundadores*". Assim, o relato de Black vincula seu consumo cultural e sua admiração por Armstrong com sua perspectiva política, mas sua ação como professor e debatedor da lei era política. Política, mas despretensiosa – Black era até bem-humorado sobre a política e seu papel nela. Afirmou, em uma entrevista em 1983, que, "Quando você fala que é contra o racismo, imediatamente você começa a conhecer pessoas simpaticíssimas. O mesmo vale para a pena de morte."

> Quando alguém divulga sua posição contra o racismo, começa a conhecer ótimas pessoas, como ocorre com a pena de morte.

> O reconhecimento pelos brancos anti-racistas de que estão distantes da dor causada pelo racismo tem um custo: o de não ser líder, mas coadjuvante.

O branco na luta anti-racista

Black nos ensina sobre a posição do branco na luta anti-racista. O racismo causa uma dor que não é nossa, como bem disse a jornalista Miriam Leitão, nesse mesmo seminário. Somos, inclusive, capazes de causá-la: temos medo, e medo da culpa. Por outro lado, às vezes parece que não é problema nosso. Ou, ainda, receamos colocar no centro da vida algo que é de morte, de abraçar o próprio racismo como foco de atenção e motivo central de ação e reflexão. Black não teve esse receio, talvez porque agir contra o racismo era central na sua visão moral, embora nem sempre na sua vida intelectual. Questões de raça e racismo não foram o centro de sua produção e consumo culturais, que eram muito diversificados. Ele nos ensina, então, que colocar a justiça racial na mira, para brancos assim como para negros, pode fazer parte de uma abertura para o mundo e que para brancos, como para negros, tomar posição anti-racista pode resultar ou até contribuir para os prazeres da vida. Além disso, o reconhecimento pelos brancos anti-racistas que estamos distantes da dor causada pelo racismo, tem um custo que Black pagou sem hesitação: o de não ser líder, mas coadjuvante. Black fez parte de uma equipe liderada por um negro, Thurgood Marshall, coisa que nós brancos raramente conseguimos admitir. O fato de que nossas vidas não são cerceadas pela discriminação racial significa que tampouco temos um lugar garantido na condução da luta pela justiça racial.

A história de Charles L. Black Jr., dissidente dos valores racistas de sua época, é de um texano nos anos 30, quando a escravidão ainda estava na memória dos vivos. Sua história é um relato mítico, criado a partir de uma história diferente da do Brasil contemporâneo, onde está vigente um discurso identitário nacional que valoriza a miscigenação, onde a discriminação tem uma cara mais ambígua, onde o anti-racismo – e as relações sociais em geral – não passam pelo heroísmo solitário de quebrar tabus, nem pela feroz opressão do segregacionismo legal. Esse mito, no entanto, dá alguns parâmetros iniciais de postura para as relações de brancos com negros, aponta para a cultura de massa e as manifestações artísticas como nexo surpreendentemente rico em valores e identificações possíveis e para a importância da sensibilidade e do pensamento lúcido para a ação política branca, na luta contra o racismo.

Voltando à pergunta inicial, agora: de que maneira a música constitui informação? Como é que essa informação impacta nosso afeto e nos leva a novos conhecimentos? A música popular nos orienta na vida cotidiana, seja pela educação sentimental, pela representação do que somos ou do que gostaríamos de ser, ou pela sua evocação de experiências que não são nossas. Nos impacta em sua beleza, sua vibração, sua energia. Esse impacto normalmente não nos leva a uma maior consciência da injustiça social. Mas uma análise sociológica nem sempre é necessária para separar o infeliz casamento de sofrimento e gozo. O mito de Black suscita a esperança de que podemos fazer isso ao ensaiar nossa liberdade imaginária, curtir nossos gostos, exercer nossa coragem e lucidez, no mundo da cultura e da vida em sociedade. Nesse exercício, quem sabe, criaremos novos mitos que nos orientem para libertar o afeto dos entraves e dos confortos do racismo cordial.

> O anti-racismo no Brasil não passa pelo heroísmo solitário de quebrar tabus, nem pela feroz opressão do segregacionismo legal.

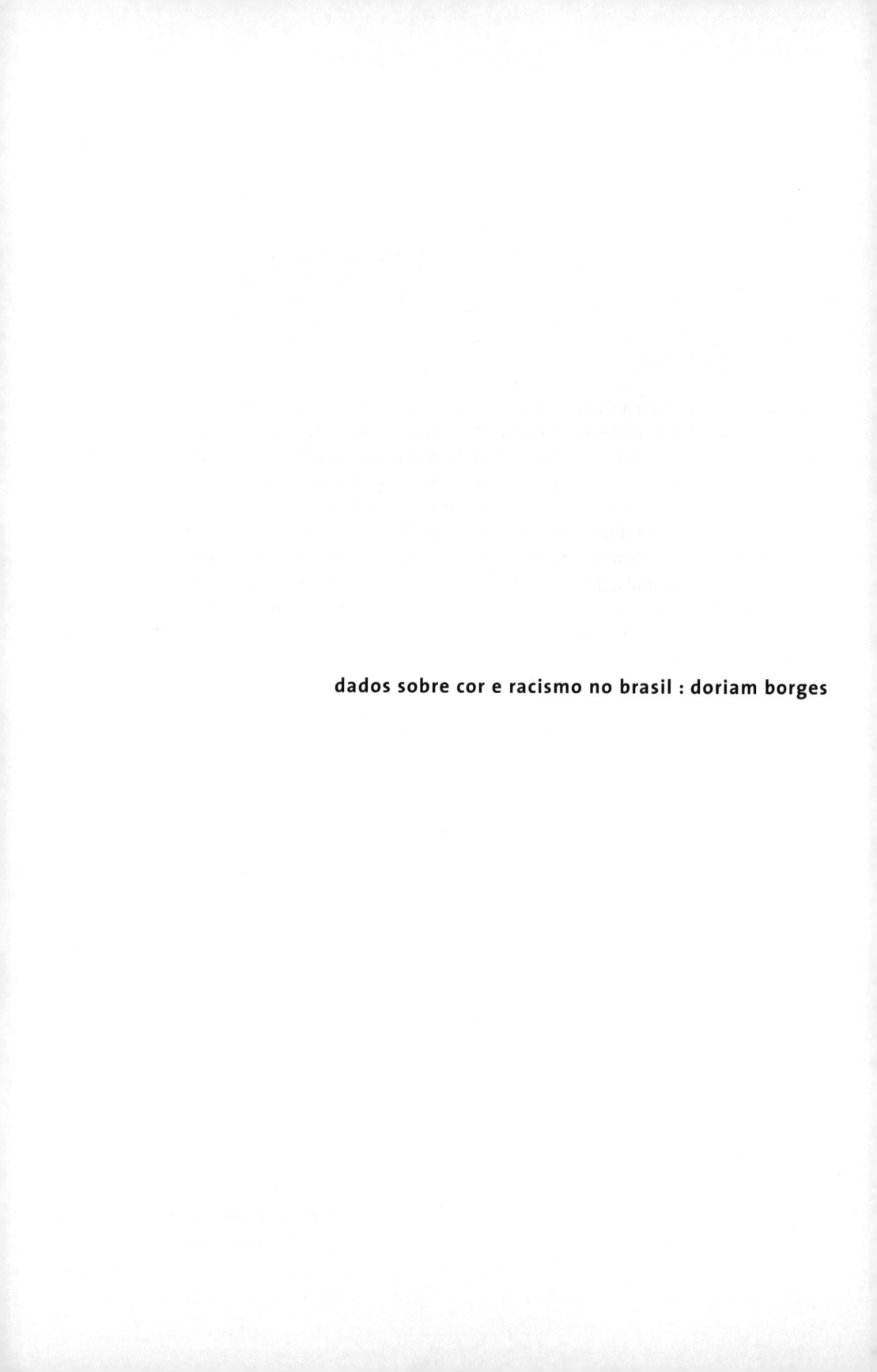

dados sobre cor e racismo no brasil : doriam borges

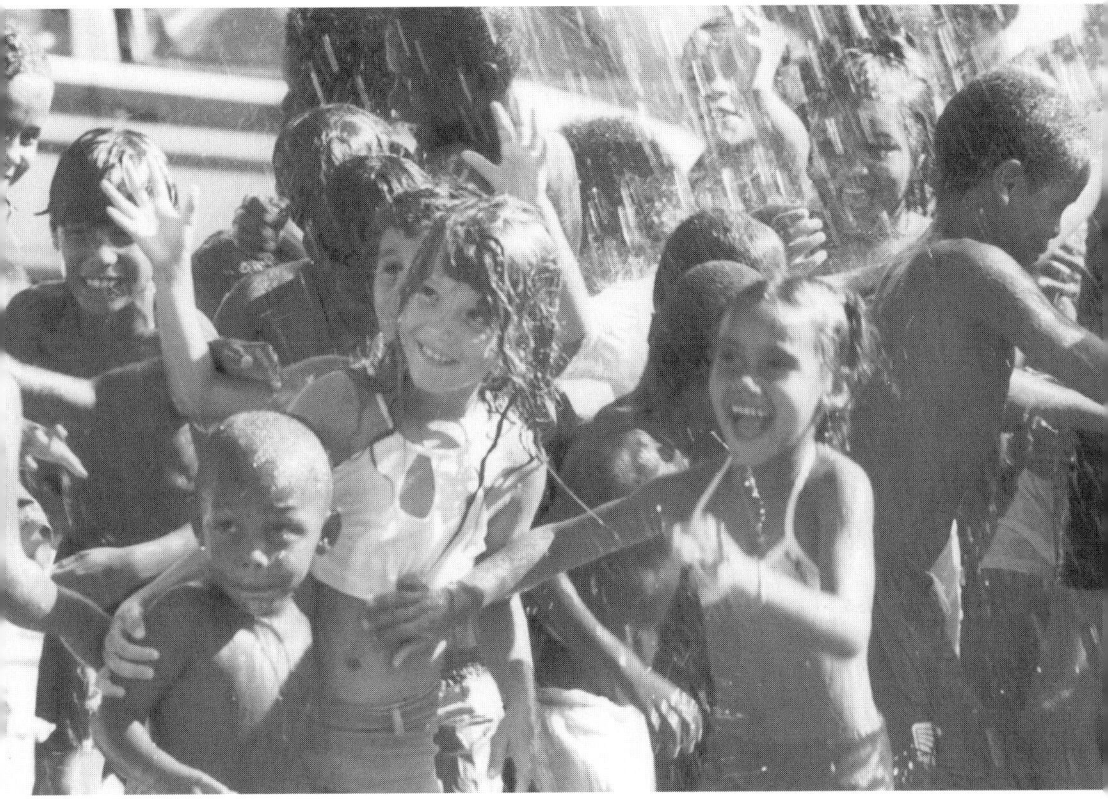

Doriam Borges

O Brasil

: segunda maior população negra depois da Nigéria;
: último país a abolir a escravidão negra;
: país que mais importou escravos africanos: quatro milhões.

tabela 1
DISTRIBUIÇÃO HISTÓRICA PERCENTUAL DA POPULAÇÃO BRASILEIRA SEGUNDO COR

Ano	Amarelos	Brancos	Indígenas	Pardos	Pretos	Total
1890	-	44,0	-	41,4	14,6	100
1940	0,7	63,5	-	21,2	14,6	100
1960	0,8	61,0	-	29,5	8,7	100
1980	0,8	54,8	-	38,5	5,9	100
1992	0,4	54,0	0,1	40,1	5,4	100
1996	0,4	55,2	0,2	38,2	6,0	100
1999	0,5	54,0	0,2	39,9	5,4	100
2000	0,5	53,8	0,4	39,1	6,2	100

Fonte IBGE. Censo Demográfico e Pesquisa Nacional por Amostra de Domicílios (PNAD).
Nota As categorias de cor são auto-atribuídas a partir de opções predefinidas pelo IBGE. Deve-se considerar que a composição racial desde o final do século XIX sofreu significativas modificações ao longo do tempo nas definições, percepções e autopercepções da cor.
Nota A Pesquisa Nacional por Amostra de Domicílios (PNAD) só dispõe do quesito cor após 1987, sendo que somente em 1992 a opção indígena passa a ser considerada.

"A pobreza tem cor no Brasil: É negra." (Roberto Martins, Presidente do IPEA)

gráfico 1
DISTRIBUIÇÃO DA POPULAÇÃO TOTAL, INDIGENTE E POBRE, SEGUNDO COR. BRASIL, 1999

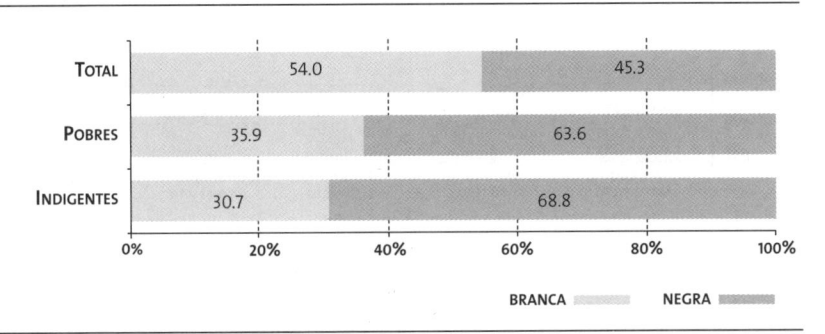

	BRANCA	NEGRA
TOTAL	54.0	45.3
POBRES	35.9	63.6
INDIGENTES	30.7	68.8

Fonte Pesquisa Nacional por Amostra de Domicílios - 1999 / Ricardo Henriques, IPEA, TD 807, Julho de 2001.
Nota As categorias de cor são auto-atribuídas a partir de opções predefinidas pelo IBGE.
Nota A população negra é composta pelas categorias do IBGE "pretos" e "pardos"..

gráfico 2
DISTRIBUIÇÃO DA POPULAÇÃO POR DECIL DE RENDA, SEGUNDO COR - BRASIL, 1999

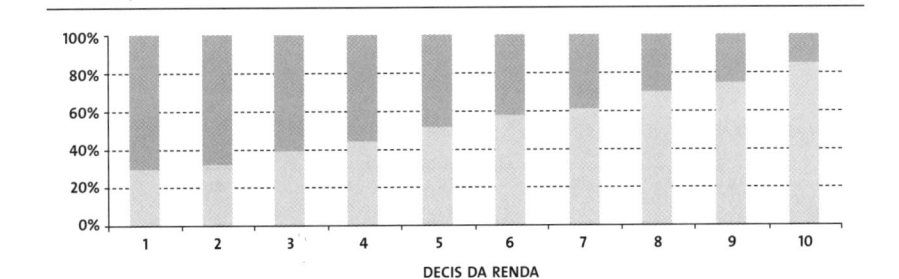

DECIS DA RENDA

BRANCA   NEGRA

Fonte Pesquisa Nacional por Amostra de Domicílios - 1999 / Ricardo Henriques, IPEA, TD 807, Julho de 2001.
Nota As categorias de cor são auto-atribuídas a partir de opções predefinidas pelo IBGE.
Nota A população negra é composta pelas categorias do IBGE "pretos" e "pardos"..

gráfico 3
RENDIMENTO REAL MÉDIO DOS ASSALARIADOS POR GRAU DE INSTRUÇÃO, SEGUNDO COR, NA REGIÃO METROPOLITANA DE SÃO PAULO - 1998

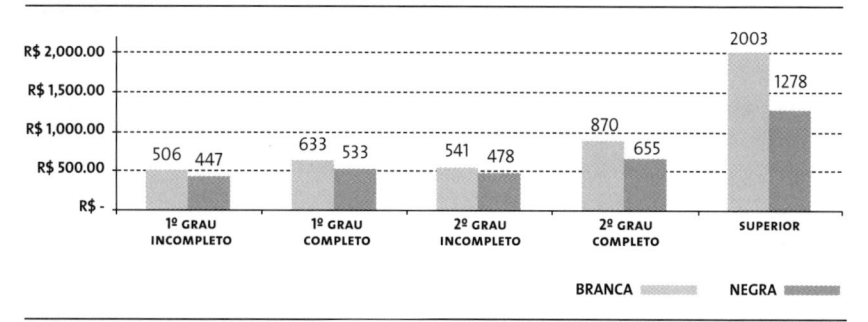

Grau de instrução	BRANCA	NEGRA
1º GRAU INCOMPLETO	506	447
1º GRAU COMPLETO	633	533
2º GRAU INCOMPLETO	541	478
2º GRAU COMPLETO	870	655
SUPERIOR	2003	1278

Fonte Pesquisa Nacional por Amostra de Domicílios - 1998 / Rosana Heringer, "Desigualdade racial no Brasil", 2000.
Nota As categorias de cor são auto-atribuídas a partir de opções predefinidas pelo IBGE.
Nota A população negra é composta pelas categorias do IBGE "pretos" e "pardos".

gráfico 4
TAXA DE ANALFABETISMO DE PESSOAS COM MAIS DE 15 ANOS DE IDADE, SEGUNDO COR - BRASIL, 1999

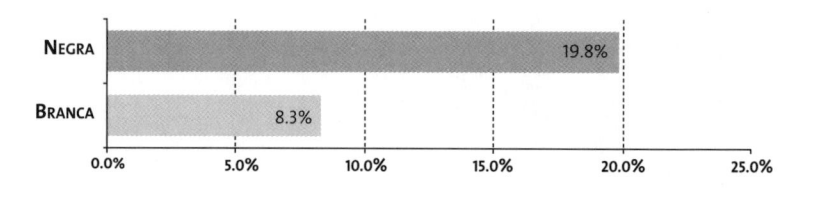

Cor	Taxa
NEGRA	19.8%
BRANCA	8.3%

Fonte Pesquisa Nacional por Amostra de Domicílios - 1999 / Ricardo Henriques, IPEA, TD 807, Julho de 2001.
Nota As categorias de cor são auto-atribuídas a partir de opções predefinidas pelo IBGE.
Nota A população negra é composta pelas categorias do IBGE "pretos" e "pardos".

"Ser e viver negro não é uma peripécia comum na vida ocidental." (Abdias Nascimento)

tabela 2
TAXA DE MORTALIDADE INFANTIL POR 100.000 NASCIDOS VIVOS, SEGUNDO COR - **1996**

REGIÃO	BRANCA	NEGRA	DIFERENÇA
BRASIL	37,3	62,3	25,0
NORDESTE	68,0	96,3	28,3
SUDESTE	25,1	43,1	18,0
SUL	28,3	38,9	10,6
CENTRO-OESTE	27,8	42,0	14,2

Fonte Fonte: Pesquisa Nacional por Amostra de Domicílios - 1998 / Rosana Heringer, "Desigualdade racial no Brasil", 2000.
Nota As categorias de cor são auto-atribuídas a partir de opções predefinidas pelo IBGE.
Nota A população negra é composta pelas categorias do IBGE "pretos" e "pardos".

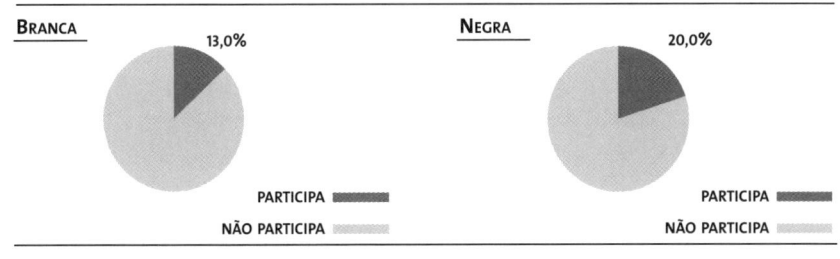

gráfico 5
PARTICIPAÇÃO DE CRIANÇAS ENTRE **10** E **14** ANOS NO MERCADO DE TRABALHO,
SEGUNDO COR - BRASIL, **1999**

BRANCA: 13,0% PARTICIPA / NÃO PARTICIPA
NEGRA: 20,0% PARTICIPA / NÃO PARTICIPA

Fonte Pesquisa Nacional por Amostra de Domicílios - 1999 / Ricardo Henriques, IPEA, TD 807, Julho de 2001.
Nota As categorias de cor são auto-atribuídas a partir de opções predefinidas pelo IBGE.
Nota A população negra é composta pelas categorias do IBGE "pretos" e "pardos".

tabela 3
CASAS ONDE FALTAM RECURSOS DE INFRA-ESTRUTURA, SEGUNDO COR DO ENTREVISTADO - BRASIL, 1999

RECURSO AUSENTE	BRANCA	NEGRA
ÁGUA ENCANADA	7,8%	26,1%
ESGOTO	27,7%	52,1%
ELETRICIDADE	2,6%	9,4%
COLETA DE LIXO	15,2%	30,2%

Fonte Pesquisa Nacional por Amostra de Domicílios - 1999 / Ricardo Henriques, IPEA, TD 807, Julho de 2001.
Nota As categorias de cor são auto-atribuídas a partir de opções predefinidas pelo IBGE.
Nota A população negra é composta pelas categorias do IBGE "pretos" e "pardos".

"A política pública de inclusão da população negra é a política penal." (Hédio Silva Jr.)

tabela 4
VOCÊ TEM MAIS MEDO DA POLÍCIA OU DOS CRIMINOSOS?

COR	BRANCA	NEGRA
DOS CRIMINOSOS	71,2%	47,6%
DA POLÍCIA	28,8%	52,4%
TOTAL	100,0%	100,0%

Fonte Pesquisa sobre contato da polícia com a população - Datafolha - São Paulo, 1997.
Nota As categorias de cor são auto-atribuídas a partir de opções predefinidas pelo IBGE.
Nota A população negra é composta pelas categorias do IBGE "pretos" e "pardos".

gráfico 6
DISTRIBUIÇÃO DA POPULAÇÃO E DE PARADOS PELA POLÍCIA, SEGUNDO COR - SÃO PAULO, 1997

PARADOS PELA POLÍCIA EM SÃO PAULO - 1997

- 19,0%
- 47,0%
- 34,0%
- BRANCA
- NEGRA
- OUTROS

POPULAÇNAO RESIDENTE EM SÃO PAULO - 1997

- 1,2%
- 73,5%
- 25,3%
- BRANCA
- NEGRA
- OUTROS

Fonte Pesquisa sobre contato da policia com a população - Datafolha - São Paulo, 1997.
Nota As categorias de cor são auto-atribuídas a partir de opções predefinidas pelo IBGE.
Nota A população negra é composta pelas categorias do IBGE "pretos" e "pardos".

tabela 5
DISTRIBUIÇÃO DA POPULAÇÃO TOTAL, PESSOAS MORTAS PELA POLÍCIA E POPULAÇÃO PRISIONAL, SEGUNDO COR, NO ESTADO DE SÃO PAULO

	POPULAÇÃO TOTAL 1991	MORTOS PELA POLÍCIA 1996-1999	POPULAÇÃO PRISIONAL 1997
TOTAL DE CASOS	9.529.461	203	35.305
BRANCA	69,95%	52,71%	54,74%
NEGRA	27,83%	46,30%	44,84%
OUTROS	2,22%	0,99%	-
TOTAL	100%	100%	100%

Fonte IBGE, Censo Demográfico - 1991. / Total de casos pesquisados pela Ouvidoria de Polícia do Estado de São Paulo, Secretaria de Administração Penitenciária do Estado de São Paulo. / Ignacio Cano, "Letalidade da ação policial no Rio de Janeiro", ISER, 2000.
Nota A população negra é composta pelas categorias do IBGE "pretos" e "pardos".

tabela 6

DISTRIBUIÇÃO DA POPULAÇÃO TOTAL, PESSOAS MORTAS PELA POLÍCIA E POPULAÇÃO PRISIONAL, SEGUNDO COR, NO ESTADO DO RIO DE JANEIRO

	POPULAÇÃO TOTAL 1991	MORTOS PELA POLÍCIA 1993-1996	POPULAÇÃO PRISIONAL 1996
TOTAL DE CASOS	4.967.695	805	11.333
BRANCOS	60,00%	29,80%	40,40%
NEGROS	40,00%	70,20%	59,60%
TOTAL	100%	100%	100%

Fonte IBGE, Censo Demográfico - 1991. / ASPLAN / DESIPE / Ignacio Cano, "Letalidade da ação policial no Rio de Janeiro", ISER, 2000.
Nota A população negra é composta pelas categorias do IBGE "pretos" e "pardos".

"A taxa de letalidade (número de pessoas mortas pela polícia, dividido pelo número de pessoas feridas pela polícia) no Rio de Janeiro é 74,6% mais alta para os negros."

Fonte Ignacio Cano, "Racial Bias in Lethal Police Action in Brazil", Mimeo, 2000. / Registros de Ocorrência da Polícia Civil do Estado do Rio de Janeiro - período de 1993 a 1996.

"No Rio de Janeiro e em São Paulo, a probabilidade de os negros serem mortos pela polícia é três vezes maior do que o seu peso na população."

Fonte Ignacio Cano, "Racial Bias in Lethal Police Action in Brazil", Mimeo, 2000.

participações especiais : nilza iraci e marisa sanematsu : iradj roberto eghrari

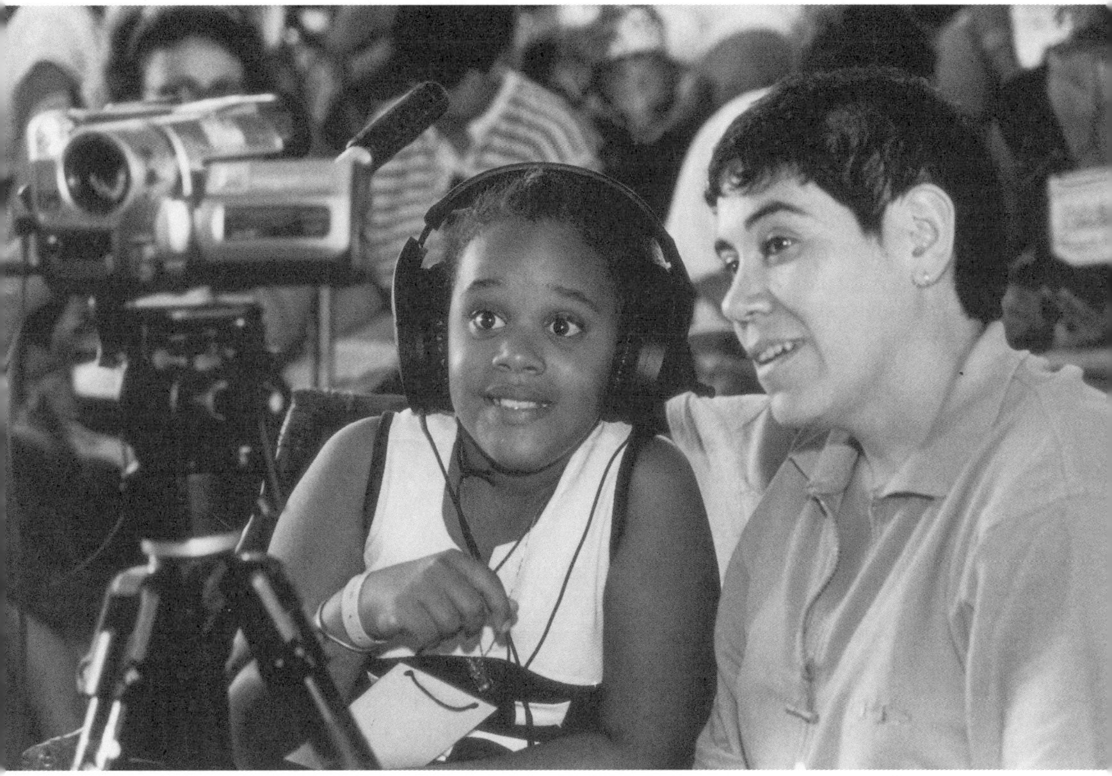

Racismo e imprensa: Como a imprensa escrita cobriu a Conferência Mundial contra o Racismo

Nilza Iraci e Marisa Sanematsu

A mídia costuma ser um lugar privilegiado na criação do que se chamou "estados de opinião", onde os discursos circulam e definem sujeitos. O horizonte cognitivo da maioria da população é determinado, quase completamente, pelo conteúdo veiculado nos meios de comunicação.

Como principal espaço de construção simbólica, a mídia chega a ter uma relevância social e um poder de influência sem precedentes, chegando inclusive a determinar uma nova forma de exclusão social que afeta diferentes segmentos sociais como negros, mulheres e indígenas, através ou da veiculação de imagens estereotipadas, folclorizadas e deturpadas em seus conteúdos, ou da sua invisibilização.

As representações hegemônicas constituem-se em hierarquias sociais legitimadas pelas diferenças transformadas em desigualdades, e a estigmatização do diferente invariavelmente leva-nos a ver o outro como um estranho, "colocando-o no seu devido lugar".

E qual seria o lugar do negro brasileiro na sociedade da informação?

Conforme Bernardo Ajzenberg, *ombudsman* da *Folha de S. Paulo*, em seu artigo "Os invisíveis" (*Folha de S. Paulo*, 28/8/01), a discriminação racial "... continua como tema tabu, sob disfarce, de há muito desmascarado, da suposta democracia racial. E não configuraria exagero afirmar que o seja justamente pelo grau de explosividade que carrega. Com raríssimas exceções, o racismo e suas mazelas não freqüentam as pautas diárias, estão alijados de qualquer iniciativa regular e permanente". É importante notar que estamos falando de 45% da população brasileira, a segunda maior população negra fora da África, super-representados nos índices de exclusão e sub-representados nos espaços de poder, do que os meios de comunicação são altamente representativos.

Nesse contexto, a Conferência Mundial contra o Racismo apresentava-se como um momento privilegiado para análise do comportamento da mídia diante desses temas considerados tabus pela sociedade.

Criada pelas Nações Unidas, a Conferência Mundial contra o Racismo, a Xenofobia e Formas Correlatas de Intolerância tinha por objetivo rever os progressos alcançados na luta contra o racismo, a discriminação racial, a xenofobia e intolerâncias correlatas, particularmente desde a adoção da Declaração Universal dos Direitos Humanos. Tratava-se de uma importante oportunidade para chamar a atenção da comunidade internacional sobre essas questões e ampliar o compromisso político com vistas à definição de um novo enfoque na luta contra o racismo para o próximo milênio.

Ao trazer para a pauta política muitas das contradições que atravessaram o mundo globalizado, a III Conferência Mundial Contra o Racismo constituía-se na grande oportunidade de analisarmos o tratamento dado pela mídia impressa a essas questões, procurando compreender os vários papéis culturais construídos pelo imaginário social que alimenta e se alimenta desses discursos.

O Projeto de Monitoramento de Mídia

Para mensurar e analisar o comportamento da imprensa em relação à Conferência Mundial contra o Racismo, a Articulação de ONGs de Mulheres Negras Brasileiras decidiu desenvolver um projeto de monitoramento da mídia que tinha por principal objetivo acompanhar e divulgar a cobertura que a imprensa escrita brasileira realizou sobre a Conferência Mundial contra o Racismo.

O projeto contou com o apoio financeiro da Fundação Ford. Teve a coordenação geral de Nilza Iraci, a coordenação executiva de Marisa Sanematsu, e contou ainda com a colaboração de Maria José Faria Torres na execução dos *clippings*.

O projeto foi desenvolvido de 25 de agosto a 21 de setembro de 2001, perfazendo um total de 36 dias de trabalho, que envolveram as seguintes atividades:

. Discussão e definição das variáveis e categorias que nortearam o trabalho de leitura, seleção e cadastramento de matérias no banco de dados.

. Elaboração do banco de dados, utilizando-se o software estatístico *SPSS for Windows*; cadastramento de matérias; emissão de gráficos e relatórios.
. Elaboração de projeto gráfico e proposta de conteúdo para o informativo eletrônico.
. Cadastramento de e-mails em catálogo de endereços eletrônicos (mais de 1.500).
. *Clipping* (leitura e seleção) das matérias veiculadas nos jornais e revistas; redação e envio de boletins eletrônicos.

O monitoramento dos jornais e revistas estendeu-se de 25 de agosto a 14 de setembro, num total de 21 dias, compreendendo os seguintes períodos: 25 a 31 de agosto (semana que antecedeu a Conferência), 1 a 7 de setembro (semana de realização da Conferência) e 8 a 14 de setembro (semana posterior à Conferência).

Os resultados desse monitoramento foram publicados através de boletins eletrônicos distribuídos via correio eletrônico para todo o país e América Latina. Foram feitas oito edições desses boletins: uma edição única para o período de 25 a 31 de agosto, contendo uma avaliação sobre a cobertura na semana que antecedeu a Conferência (clima e expectativas), sete edições diárias, entre os dias 1 e 8 de setembro, contendo resumos e comentários sobre a cobertura realizada durante a Conferência, e uma edição final contendo uma análise do monitoramento.

Enviados diariamente a mais de 1.500 *e-mails*, os boletins eletrônicos continham resumos e comentários sobre a cobertura, divulgavam informações atualizadas acerca das principais discussões que estavam ocorrendo durante a Conferência e informavam os interessados que não estavam presentes em Durban, além de terem servido como fonte de informação para as centenas de brasileiros que participavam da Conferência. Suas edições diárias eram copiadas e circulavam entre ativistas, jornalistas e a delegação oficial do governo brasileiro, que podiam dessa forma acompanhar os debates sobre a Conferência e sua repercussão na mídia brasileira.

> Em 22 dias, foram veiculadas mais de 86 páginas de jornal no formato 'standard' que abordaram as questões debatidas durante a Conferência.

COBERTURA SOBRE A CONFERÊNCIA MUNDIAL CONTRA O RACISMO: NÚMEROS E NOMES

Pontos positivos: uma cobertura ampla, regular e com destaque.
Pontos negativos: omissões e maniqueísmo.

De 25 de agosto a 14 de setembro de 2001, o Projeto de Monitoramento acompanhou a cobertura sobre a Conferência Mundial Contra o Racismo realizada pelos jornais diários *Correio Braziliense* (a partir de agora chamado *Correio*), *O Estado de S. Paulo* (*Estadão*), *Folha de S. Paulo* (*Folha*), *O Globo* e *Jornal do Brasil* (*JB*) e pelas revistas semanais *Época*, *IstoÉ* e *Veja*.

A partir do acompanhamento contínuo e sistematizado desses veículos de imprensa de circulação nacional, foi possível compreender alguns aspectos cruciais sobre o processo de construção do noticiário pela mídia impressa, como a recorrência de fontes especializadas, alguns enfoques preferenciais, a lógica editorial que determinou ênfases e supressões, e as manifestações do público leitor, entre outros.

Durante o período monitorado, a Conferência Mundial contra o Racismo freqüentou com regularidade as páginas dos principais jornais e revistas do país. A cobertura realizada pela imprensa caracterizou-se também pela significativa quantidade de espaço e pelo destaque editorial dedicado à Conferência e a alguns dos temas em debate, com especial ênfase na semana de realização da cúpula em Durban.

Segundo o banco de dados desta pesquisa, de 24 de agosto a 14 de setembro, os oito veículos monitorados publicaram 458 matérias apresentando como assunto principal a conferência ou temas nela debatidos, tais como políticas afirmativas ou de reparação para negros, ou os impasses gerados pela falta de consenso sobre a menção aos conflitos travados no Oriente Médio (sionismo, palestinos, posicionamento dos EUA etc.).

Dentre os principais atores sociais que participaram da cobertura, destacaram-se – além dos próprios jornais e jornalistas – ministros, diplomatas, pesquisadores e ativistas dos movimentos sociais.

Das 458 matérias publicadas, 178 (ou 39%) trataram especificamente da questão das políticas afirmativas, com destaque para a proposta de implantação de cotas para negros em universidades ou cargos públicos. Dessas 178 matérias, 56 eram informativas e 122 eram opinativas, o que evidencia como a questão gerou debate e estimulou a manifestação do posicionamento da sociedade. Por outro lado, isso demonstra também que boa parte da cobertura sobre a Conferência concentrou-se no tema das ações afirmativas, embora outros temas importantes também tenham sido debatidos sem receber igual destaque.

Considerando-se o total de 458 matérias publicadas, ao longo de 22 dias, nas 119 edições dos oito veículos de imprensa monitorados, chega-se a uma média de 3,85 matérias por edição, ou quase 21 por dia. Somando-se o espaço total que elas ocuparam (26.712 cm de coluna), constata-se que foram veiculadas mais de 86 páginas de jornal no formato *standard*, que abordaram exclusivamente as questões debatidas durante a Conferência. Assim, é possível afirmar que o tema freqüentou com regularidade as páginas desses jornais durante as três semanas, sendo objeto de uma ampla cobertura.

A análise apresentada a seguir buscará mostrar como, embora caracterizada por um grande volume de matérias, a cobertura da imprensa sobre a Conferência de Durban deu pouco destaque a alguns eventos, omitiu algumas discussões e concentrou-se em algumas questões mais polêmicas. Cabe observar que, com os atentados ocorridos nos Estados Unidos em 11 de setembro, a repercussão da Conferência foi bastante prejudicada, com os ataques tomando por completo os espaços no noticiário internacional.

gráfico 1

DISTRIBUIÇÃO DO TOTAL DE MATÉRIAS PUBLICADAS SOBRE A COBERTURA DA CONFERÊNCIA MUNDIAL CONTRA O RACISMO ENTRE AS TRÊS SEMANAS DE MONITORAMENTO DOS VEÍCULOS

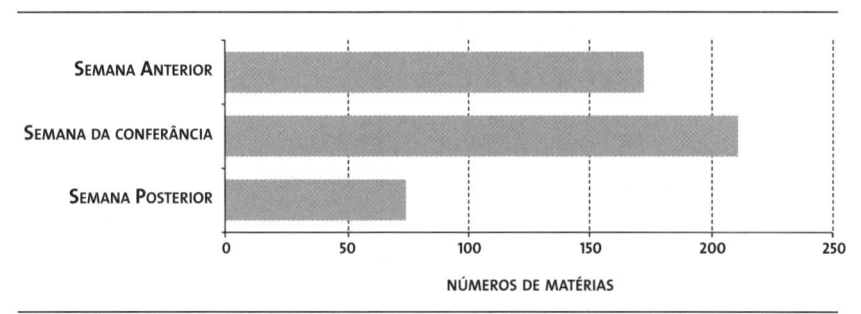

Semana	Número de matérias
Semana Anterior	~170
Semana da Conferância	~210
Semana Posterior	~75

NÚMEROS DE MATÉRIAS

Ao final do período de monitoramento, o *ranking* dos jornais e revistas no que se refere à quantidade de matérias publicadas sobre a conferência mostrava: *Globo* e *Folha* empatados em primeiro; em seguida, o *Correio, JB* e o *Estadão*. Entre as revistas, a ordem foi *Veja, Época* e *IstoÉ*.

gráfico 2

PARTICIPAÇÃO PERCENTUAL DOS VEÍCULOS MONITORADOS NA COBERTURA SOBRE A CONFERÊNCIA MUNDIAL CONTRA O RACISMO - 25 DE AGOSTO A 14 DE SETEMBRO/2001

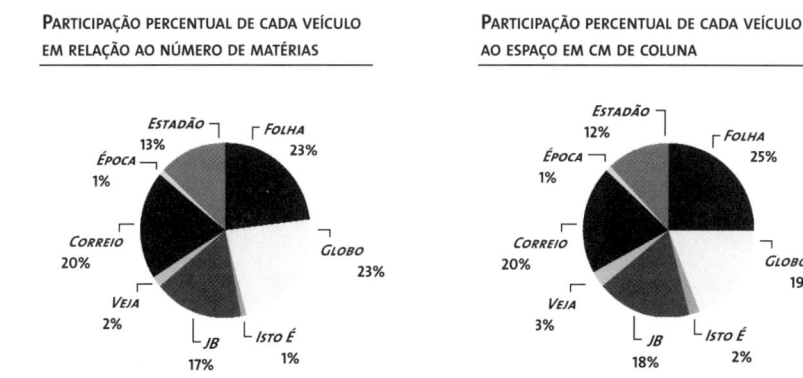

PARTICIPAÇÃO PERCENTUAL DE CADA VEÍCULO EM RELAÇÃO AO NÚMERO DE MATÉRIAS

- ESTADÃO 13%
- ÉPOCA 1%
- FOLHA 23%
- CORREIO 20%
- GLOBO 23%
- VEJA 2%
- JB 17%
- ISTO É 1%

PARTICIPAÇÃO PERCENTUAL DE CADA VEÍCULO AO ESPAÇO EM CM DE COLUNA

- ESTADÃO 12%
- ÉPOCA 1%
- FOLHA 25%
- CORREIO 20%
- GLOBO 19%
- VEJA 3%
- JB 18%
- ISTO É 2%

Nota-se que, tanto se considerarmos o número total de matérias publicadas por jornal durante o primeiro semestre, como se tomarmos em conta o espaço (em cm de coluna) ocupado, o *ranking* dos jornais e revistas permanece praticamente inalterado, o que indica um equilíbrio entre freqüência de matérias e espaço dedicado à Conferência. A maior discrepância se dá com o material da *Folha*, que, embora tenha empatado com o *Globo* em número de matérias, apresentou uma diferença significativa em termos de espaço, o que indica que publicou quase tantas matérias quanto o *Globo*, mas muito maiores. Uma das explicações prováveis diz respeito ao grande número de cartas de leitores e leitoras publicadas pelo *Globo* (35), que alavancaram a quantidade de matérias, mas ocuparam um espaço menor do que as reportagens da *Folha*.

É importante observar que, embora jornais e revistas tenham sido igualmente considerados no monitoramento, deve-se manter sempre em mente, para fins de comparação, que esses veículos possuem características editoriais diferenciadas no que diz respeito a tamanho das matérias, periodicidade e ênfase editorial.

> 312 das 458 matérias selecionadas eram de iniciativa editorial do próprio veículo.

> A cobertura da imprensa de circulação nacional privilegiou os temas das políticas afirmativas para afrodescendentes e da discriminação em geral.

CARACTERÍSTICAS DA MATÉRIAS

Em relação aos gêneros jornalísticos, como era de se esperar, a maioria absoluta do material é de iniciativa editorial do próprio veículo, isto é, são entrevistas, notícias, colunas, frases e editoriais que totalizaram 312 matérias das 458 selecionadas. Já o material publicado nos espaços que os periódicos abrem para a sociedade se manifestar e as páginas de opinião, incluiu 106 cartas e 40 artigos assinados.

tabela 1
GÊNEROS JORNALÍSTICOS DAS MATÉRIAS PUBLICADAS EM CADA VEÍCULO

Gênero	Correio	Estadão	Folha	Globo	JB	Época	IstoÉ	Veja
Editorial	2	2	3	3	2	-	-	-
Artigo	5	3	10	7	15	-	-	-
Carta	27	16	10	35	14	2	1	1
Entrevista	3	-	3	1	2	-	-	1
Notícia	55	37	63	46	39	2	2	2
Coluna	1	3	9	13	6	3	-	3
Frases	-	-	5	-	-	-	-	1
Subtotal	93	61	103	105	78	7	3	8

Total Geral = 458 Matérias

Informação ou opinião?

Em relação ao teor informativo ou opinativo das matérias, há diferenças significativas entre os jornais e revistas analisados.

Outras questões relevantes - direitos de homossexuais, membros de castas, migrantes, portadores de deficiências e povos indígenas - tiveram pouco ou nenhum destaque.

tabela 2
DISTRIBUIÇÃO ABSOLUTA E PERCENTUAL DAS MATÉRIAS SEGUNDO TEOR INFORMATIVO OU OPINATIVO

	CORREIO		ESTADÃO		FOLHA		GLOBO		JB		ÉPOCA		ISTOÉ		VEJA	
	N°	%	N°	%	N°	%	N°	%	N°	%	N°	%	N°	%	N°	%
MATÉRIA INFORMATIVA	58	62	37	61	71	69	49	47	42	54	2	29	2	67	4	50
MATÉRIA OPINATIVA	35	38	24	39	32	31	56	53	36	46	5	71	1	33	4	50
SUBTOTAL	93	100	61	100	103	100	105	100	78	100	7	100	3	100	8	100

TOTAL GERAL = 458 MATÉRIAS

TEMAS MAIS FREQÜENTES

Dias antes do início da Conferência (26 de agosto), a *Folha* já antecipava quais seriam os pontos mais polêmicos na cúpula: reparações, Oriente Médio e vítimas de discriminação (mulheres e homossexuais). A reportagem apontava também quais seriam outros assuntos em discussão: tráfico, migrantes, mulheres, indígenas e outras minorias, como ciganos.

A análise do material que os jornais e revistas selecionados publicaram sobre a Conferência mostrou que a cobertura da imprensa de circulação nacional privilegiou – tanto em número de matérias como em termos de espaço – os temas das políticas afirmativas para afrodescendentes e da discriminação de forma geral, seguidos pelo conflito no Oriente Médio e a reparação a descendentes de escravos. Durante o período acompanhado, o tema das políticas afirmativas ocupou o espaço de 7.477 cm de coluna, equivalente a mais de 24 páginas de jornal no formato *standard*. Já outras questões, também relevantes, que dizem respeito à discriminação e aos direitos de homossexuais, membros de castas, migrantes e portadores de deficiências, tiveram pouco destaque ou foram até mesmo ignorados pelos veículos em sua cobertura.

Os temas menos freqüentes foram o Estatuto dos Povos Indígenas e as questões da classificação, união civil de homossexuais e posse da terra para remanescentes de escravos.

tabela 3
FREQÜÊNCIA ABSOLUTA E PERCENTUAL DOS TEMAS ABORDADOS NO MATERIAL PUBLICADO SOBRE A CONFERÊNCIA MUNDIAL CONTRA O RACISMO

TEMA	Nº DE MATÉRIAS	%
AÇÃO AFIRMATIVA	178	39
DISCRIMINAÇÃO	114	25
GERAL	62	14
ORIENTE MÉDIO	50	11
REPARAÇÃO	37	8,5
ESTATUTO DOS POVOS INDÍGENAS	6	1
CLASSIFICAÇÃO RACIAL	4	0,5
UNIÃO CIVIL DE HOMOSSEXUAIS	4	0,5
POSSE DA TERRA	3	0,5
TOTAL	458	100,0

tabela 4
GRUPOS MINORITÁRIOS MAIS FREQÜENTEMENTE CITADOS NO MATERIAL PUBLICADO SOBRE A CONFERÊNCIA MUNDIAL CONTRA O RACISMO

	CORREIO	ESTADÃO	FOLHA	GLOBO	JB	ÉPOCA	ISTOÉ	VEJA
GERAL	17	19	27	14	10	1	1	3
NEGRO	56	26	50	71	48	6	2	5
INDÍGENA	4	1	3	3	3	-	-	-
JUDEU/PALESTINO	9	12	15	9	9	-	-	-
HOMOSSEXUAL	6	2	3	4	5	-	-	-
MULHER NEGRA	-	1	1	1	-	-	-	-
MULHER	-	-	-	2	1	-	-	-
MIGRANTES/REFUGIADOS	1	-	1	-	1	-	-	-
CIGANO	-	-	1	-	1	-	-	-
PORTADOR DE DEFICIÊNCIA	-	-	-	1	-	-	-	-
CASTA	-	-	1	-	-	-	-	-
AMARELO	-	-	1	-	-	-	-	-
SUBTOTAL	93	61	103	105	78	7	3	8

TOTAL GERAL = 458 MATÉRIAS

OS AUTORES DAS MATÉRIAS

tabela 5
DISTRIBUIÇÃO ABSOLUTA E PERCENTUAL DAS MATÉRIAS SEGUNDO VEÍCULO E TIPO DE AUTOR

TIPO DE AUTOR	CORREIO	ESTADÃO	FOLHA	GLOBO	JB	ÉPOCA	ISTOÉ	VEJA	TOTAL	T %
JORNALISTA	22	36	53	36	29	4	2	5	187	41
OUTROS DA IMPRENSA	39	9	31	29	22	1	-	2	133	29
LEITOR	27	16	9	35	14	2	1	1	105	23
MEMBRO EXECUTIVO	1	-	2	3	2	-	-	-	15	3,2
PESQUISADOR - PROFESSOR	1	-	6	1	7	-	-	-	8	1,7
ATIVISTA DE ONG	2	-	1	-	2	-	-	-	5	1,1
PARLAMENTAR	-	-	1	-	1	-	-	-	2	0,4
REPRESENTANTE RELIGIOSO	-	-	-	-	1	-	-	-	1	0,2
OUTROS	1	-	-	1	-	1	-	-	2	0,4
TOTAL	93	61	103	105	78	7	3	8	458	100

Características pessoais dos autores

Embora em grande parte das matérias não tenha sido possível identificar algumas características pessoais dos autores, como raça/etnia, sexo e orientação sexual, pois as mesmas nem sempre eram conhecidas ou declaradas, entre os identificados temos:

- Raça/Etnia - 57 brancos, 25 negros, 9 judeus/ias, 1 indígena e 1 cigano;
- Sexo - 221 homens e 104 mulheres;
- Orientação sexual - 16 heterossexuais e 1 homossexual.

Dentre os autores destacaram-se:

A campeã absoluta foi a repórter Fernanda da Escóssia, da *Folha*, que além de 4 matérias publicadas antes da Conferência Mundial contra o Racismo (enviadas da sucursal do Rio de Janeiro), assinou 23 matérias enviadas de Durban.

Em seguida, vem outro enviado a Durban, o repórter José Maria Mayrink, que além de assinar 17 matérias publicadas no *Estadão*, teve alguns de seus textos vendidos pela Agência Estado ao jornal *O Globo*, que não contava com enviado presente na conferência.

Em terceiro lugar ficou Luis Turiba, repórter enviado pelo *Correio Braziliense* a Durban, que assinou 5 matérias.

No *Globo*, o repórter que assinou mais matérias no período foi Evandro Éboli (5 matérias), da sucursal de Brasília, que repercutiu alguns temas da conferência com representantes do governo na capital federal.

No *Jornal do Brasil*, o jornalista que mais assinou reportagens sobre a conferência foi Clóvis Marques (3 matérias).

Nas revistas, assinaram reportagens Eduardo Salgado (*Veja*, com 2 matérias), Lydia Medeiros/G. Camarotti/S. Nascimento (*Época*, 1 matéria), Francisco Alves Filho (*IstoÉ*, 1) e Kátia Mello (*IstoÉ*, 1 matéria enviada de Durban).

Uma consulta ao banco de dados do projeto de monitoramento revela também que dezenas de outros jornalistas dos oito veículos de imprensa assinaram reportagens sobre a conferência, em um rodízio de profissionais que pode levar a duas suposições, uma negativa e a outra positiva. A primeira é a pouca importância editorial que alguns dos veículos conferiram ao evento, pois sabe-se que, quando um jornal ou revista considera um evento relevante, envia um repórter para cobrir *in loco* ou destaca um jornalista que fica encarregado de realizar a cobertura de forma contínua, de maneira a adquirir maior familiaridade e especializar-se no assunto, bem como estar capacitado a identificar e estabelecer relacionamentos com as fontes. A segunda suposição, de caráter positivo, é a de que, por trás da diversidade de profissionais, poderia estar um esforço de apresentar abordagens/enfoques variados, recorrendo-se a sucursais em outras cidades. Essa última hipótese confirma-se no caso da maioria dos jornais, com exceção do *Correio Braziliense*. Isso pode ser observado comparando-se a quantidade de repórteres das redações nas cidades onde os veículos têm sede e o número de jornalistas que enviaram matérias das sucursais:

- *Correio Braziliense* - 7 repórteres da redação em Brasília; 1 repórter de sucursal;
- *O Estado de S. Paulo* - 4 repórteres da redação em São Paulo; 6 repórteres de sucursais;
- *Folha de S. Paulo* - 2 repórteres da redação em São Paulo; 8 repórteres de sucursais;
- *O Globo* - 6 repórteres da redação no Rio de Janeiro; 9 repórteres de sucursais;
- *Jornal do Brasil* - 7 repórteres da redação de São Paulo; 9 repórteres de sucursais.

É claro que não se pode deixar de lembrar que o *Correio Braziliense* havia enviado o repórter Luis Turiba a Durban, o que não é o caso do *Globo* e do *JB*, que envolveram um grande número de repórteres de suas sucursais, e também de suas redações locais.

Em relação a raça/etnia, não foi possível determinar com precisão o número de jornalistas negros, brancos e indígenas que assinaram matérias sobre a Conferência. No entanto, um levantamento recente realizado pela revista *Imprensa* (edição de outubro de 2001) confirmou a antiga suspeita de que é bastante reduzido o número de repórteres negros atuando nas redações brasileiras. Apenas 85 (ou 36%) das 230 redações consultadas contavam com algum jornalista negro. O índice é ainda menor quando se perguntou quantos negros ocupavam cargos de chefia: somente 57 dentro de um universo de 3.400 profissionais, ou seja, 1,6%. Segundo esse levantamento, as redações da região Sul são as mais brancas, enquanto nas do Norte, Nordeste e Sudeste o número de jornalistas negros é um pouco maior.

FONTES

Aqui é importante relembrar que a metodologia adotada por esta pesquisa não previu a inclusão de todas as fontes e referências mencionadas em cada matéria. O critério adotado foi o da inclusão de um máximo de 8 fontes (5 indivíduos e 3 instituições) e 8 referências (5 indivíduos e 3 instituições) para cada matéria registrada no banco de dados da pesquisa.

Fontes individuais

Em relação às 516 pessoas às quais os jornais e revistas recorreram como fontes para o fornecimento de informações e opiniões sobre os temas em debate na conferência de Durban, pode-se afirmar que as presenças mais freqüentes foram os funcionários do Executivo, com 267 ocorrências, ou 52% dos casos registrados. Em segundo lugar como fontes mais recorrentes vêm os ativistas de ONGs, especialmente as organizações de defesa dos direitos dos afrodescendentes (96 ocorrências ou 19%), seguidos dos pesquisadores e professores (64 vezes ou 12%).

Dentre as pessoas que foram fontes mais recorrentes, destacaram-se:

- Gilberto Saboia, secretário de Direitos Humanos do Ministério da Justiça do Brasil (24 ocorrências);
- Mary Robinson, secretária-geral da Conferência Mundial contra o Racismo/ONU (19 ocorrências);
- José Gregori, ministro da Justiça do Brasil (13 ocorrências);
- Ivanir dos Santos, ativista do movimento negro e coordenador do CEAP (12 ocorrências);
- Kofi Annan, secretário-geral da ONU (11 ocorrências);
- Benedita da Silva, vice-governadora do Rio de Janeiro (10 ocorrências);
- Claudio Nascimento, ativista homossexual e secretário de Direitos Humanos da ABGLT (10 ocorrências);
- Edna Roland, ativista negra e coordenadora da ONG Fala Preta! (9 ocorrências);
- Thabo Mbeki, presidente da África do Sul (9 ocorrências);
- Paulo Renato Souza, ministro da Educação do Brasil (8 ocorrências);
- Fernando Henrique Cardoso, presidente do Brasil (7 ocorrências);
- Azelene Kaingangue, ativista indígena Capoib (6 ocorrências);
- Fidel Castro, presidente de Cuba (6 ocorrências);
- Jesse Jackson, reverendo dos EUA (6 ocorrências);
- José Sarney, senador PMDB-AP (5 ocorrências);
- Louis Michel, ministro das Relações Exteriores da Bélgica e chefe da delegação da União Européia (5 ocorrências);
- Marcos Pinta Gama, chefe de gabinete da Secretaria Nacional de Direitos Humanos do Ministério da Justiça do Brasil (5 ocorrências);
- Nkosazana Dlamini-Zuma, ministra das Relações Exteriores da África do Sul (5 ocorrências);
- Olusegun Obasanjo, presidente da Nigéria (5 ocorrências);
- Richard Boucher, porta-voz do Departamento de Estado dos EUA (5 ocorrências).

Características pessoais das fontes:

Embora em grande parte das matérias não tenha sido possível identificar algumas características pessoais das fontes, como raça/etnia, sexo e orientação sexual, pois as mesmas nem sempre eram conhecidas ou declaradas, temos:

- Raça/Etnia - 169 negros, 151 brancos, 20 indígenas, 19 judeus, 23 árabes/palestinos, 3 ciganos, 3 membros de castas e 1 amarela;
- Sexo - 404 homens e 112 mulheres;
- Orientação sexual - 71 heterossexuais e 14 homossexuais.

Fontes institucionais

Com relação às fontes institucionais, isto é, aquelas "vozes ocultas" que incluem também as assessorias de imprensa e os bancos de dados oficiais, observa-se novamente o predomínio das fontes governamentais (43 ocorrências ou 46% dos 94 casos registrados), seguidas de perto pelas agências de notícias ou outros veículos de imprensa (33 ocorrências ou 35%). Além das agências de notícias – nacionais ou estrangeiras – ou outros jornais, dentre as instituições que foram fontes, as mais recorrentes foram: Anistia Internacional (4); Departamento de Estado dos EUA (3); IBGE (6); Ipea (12); MEC (2); Fundação Seade (3); Vaticano (4).

Convém lembrar que, ao serem cadastradas as fontes, foram privilegiadas as do tipo indivíduo. Isto quer dizer que, se uma fonte indivíduo era apresentada como "fulano de tal, coordenador de tal instituição", o registro era feito para a fonte indivíduo, não sendo registrada a fonte institucional. Assim, qualquer leitura analítica desses dados quantitativos da pesquisa deve levar em consideração esse critério de classificação do material da pesquisa.

Referências

Em relação às referências a indivíduos, o primeiro lugar ficou também com os representantes de governos (286 referências ou 68% dos 419 casos registrados). Em seguida vêm quase empatados os ativistas de ONGs (33 referências ou 8%) e os parlamentares (31 vezes ou 7,5%), seguidos pelos pesquisadores e professores (19 ocorrências ou 4,5% das referências registradas).

Características pessoais das referências:

Embora em grande parte das matérias não tenha sido possível identificar algumas características pessoais das referências, como raça/etnia, sexo e orientação sexual, pois as mesmas nem sempre eram conhecidas ou declaradas, temos:

- Raça/Etnia - 192 brancos, 138 negros, 14 árabes/palestinos, 10 judeus e 7 indígenas;
- Sexo - 343 homens e 76 mulheres;
- Orientação sexual - 147 heterossexuais e 13 homossexuais.

Sobre as referências institucionais, predominaram mais uma vez os órgãos do Executivo, com 369 ocorrências ou 67% do total de 551 referências registradas. A seguir, estão as referências a ONGs (75 vezes ou 14%); e depois aparecem empatados o Legislativo (30 ou 5%) e as instituições de ensino e pesquisa (29 ou 5% das referências).

> Quanto às cotas para negros, a maioria das cartas de leitores apresentou opinião contrária, enquanto a maioria dos colunistas foi favorável.

POLÊMICA SOBRE COTAS

Dentre os 5 editoriais, 13 artigos assinados, 22 colunas e 82 cartas de leitores que trataram do tema das cotas para negros, predominou o posicionamento contrário. Porém, se examinarmos em termos de espaço ocupado por essa polêmica, verificamos que houve um predomínio do posicionamento favorável às cotas.

tabela 6
POSICIONAMENTO DAS MATÉRIAS OPINATIVAS SOBRE COTAS PARA NEGROS

POSICIONAMENTO	Nº DE MATÉRIAS	%	ESPAÇO EM CM DE COLUNA	%
CONTRÁRIO	73	60	1.231,3	36
FAVORÁVEL	33	27	1.761,3	52
NEUTRO	16	13	405,6	12
TOTAL	122	100	405,6	100

A explicação para este aparente paradoxo é que, enquanto as cartas de leitores foram, em sua maioria, contrárias, a maior parte dos textos assinados por colunistas (que mantêm espaços fixos nos jornais e revistas) foi favorável. Considerando-se que as cartas são quase sempre menores do que os textos de colunistas, fica evidente que os últimos foram os grandes responsáveis pelo desequilíbrio entre os posicionamentos sobre a questão das ações afirmativas/cotas. Isso fica ainda mais claro quando se comparam os espaços ocupados pelas diferentes matérias opinativas contendo manifestações sobre as cotas.

tabela 7
COMPARAÇÃO ENTRE CARTAS DE LEITORES E COLUNAS, SEGUNDO ESPAÇO OCUPADO E POSICIONAMENTO SOBRE AS COTAS PARA NEGROS

POSICIONAMENTO	CARTAS DE LEITORES				COLUNAS			
	N° DE MATÉRIAS	%	ESPAÇO EM CM DE COL.	%	N° DE MATÉRIAS	%	ESPAÇO EM CM DE COL.	%
CONTRÁRIO	62	76	574,3	71	3	13	139,7	10
FAVORÁVEL	13	16	147,9	18	12	55	1.095,9	76
NEUTRO	7	8	94,8	11	7	32	201,4	14
TOTAL	82	100	814,0	100	22	100	1.437,0	100

POSICIONAMENTO	ARTIGOS ASSINADOS				EDITORIAIS			
	N° DE MATÉRIAS	%	ESPAÇO EM CM DE COL.	%	N° DE MATÉRIAS	%	ESPAÇO EM CM DE COL.	%
CONTRÁRIO	5	39	370,9	40	3	60	146,4	69
FAVORÁVEL	6	46	452,3	48	2	40	65,2	31
NEUTRO	2	15	112,4	12	-	-	-	-
TOTAL	13	100	935,6	100	5	100	211,6	100

O posicionamento dos jornais

Entre os dias 28 e 30 de agosto, todos os jornais manifestaram em editoriais suas posições sobre a polêmica das ações afirmativas/cotas.

Favoráveis:

- *Correio Braziliense*;
- *Jornal do Brasil*.

Contrários:

- *O Estado de S. Paulo*;
- *Folha de S. Paulo*;
- *O Globo*.

O posicionamento dos colunistas

Entre os colunistas, o posicionamento dos autores foi o seguinte:

Favoráveis:

- André Gustavo Stumpf, colunista do *Correio*;
- Artur Xexéo, colunista do *Globo* (2 matérias);
- Elio Gaspari, colunista da *Folha* (2 matérias);
- Elio Gaspari, colunista do *Globo* (2 matérias);
- José Sarney, senador PMBD-AP, colunista da *Folha*;
- Marcio Moreira Alves, colunista do *Globo* (2 matérias);
- Miriam Leitão, colunista do *Globo*;
- Sérgio Abranches, cientista político/colunista da *Veja*.

Contrários:

- Daniel Piza, colunista do *Estadão*;
- Janio de Freitas, colunista da *Folha*;
- Matthew Shirts, colunista do *Estadão*.

Neutros:

- Clóvis Rossi, colunista da *Folha*;
- Luís Fernando Veríssimo, escritor, colunista do *Estadão* (2 matérias);
- Ricardo Boechat, colunista do *JB* (2 matérias);
- Tutty Vasques, colunista da *Época*;
- Vinicius Torres Freire, colunista da *Folha*.

O posicionamento da sociedade

Entre os artigos assinados por pessoas pertencentes a alguns setores da sociedade (em especial os professores) aos quais a imprensa abriu espaço para opinar), o posicionamento dos autores foi o seguinte:

Favoráveis:

- Cristovam Buarque, professor da UnB (escreveu no *Correio* e no Correio);
- Flavia Oliveira, jornalista (escreveu no *Globo*);
- Henrique Cunha Jr., professor da UFCeará (escreveu no *JB*);
- Ivanir dos Santos, pedagogo, presidente do Ceap (escreveu no *JB*);
- Jorge da Silva, professor da UERJ (escreveu no *JB*).

Contrários:

- Isaías Raw, professor da FMUSP (escreveu na *Folha*);
- Manolo Fiorentino, professor da UFRJ (escreveu no *JB*);
- Nilcéa Freire, reitora da UERJ (escreveu no *JB*);
- Paulo Renato Souza, Ministro da Educação (escreveu na *Folha* e no *Globo*).

Neutros:

- Lilia Moritz Schwarcz, professor da USP (escreveu na *Folha*);
- Rosana Heringer, socióloga, pesquisadora do CEPIA e da UCAM (escreveu no *JB*).

Resultados da Conferência nos documentos finais

Participaram da Conferência Mundial contra o Racismo 2.500 representantes de 170 países, incluindo 16 chefes de Estado, 58 ministros de Relações Exteriores e outros 44 ministros. Foram credenciados cerca de 4.000 representantes de ONGs e mais de 1.300 jornalistas.

Representantes de 146 países fizeram discursos nas sessões plenárias que aconteceram durante a Conferência. Cerca de 80% dos oradores eram homens. Dos representantes de 125 ONGs que discursaram nas plenárias, 60% eram mulheres.

A Conferência começou em 31 de agosto e terminou no dia 8 de setembro, com um dia de atraso. Ao final dos trabalhos, foram produzidos dois documentos: uma declaração de princípios e um plano de ação contra o racismo.

Embora seja recomendada a todos os países-membros da ONU, a aplicação dos dois textos não é obrigatória. Segundo avaliação da imprensa monitorada, o consenso exigido para a aprovação dos documentos saiu enfraquecido: apenas 99 dos 173 países que participaram do encontro acompanharam a sessão plenária final. Além disso, cerca de dez países apresentaram restrições aos documentos,

> "Decepcionante" e "desapontador", segundo a imprensa monitorada, foram as palavras mais ouvidas no último dia da Conferência.

que serão incluídas no relatório final. A alta comissária da ONU para Direitos Humanos, Mary Robinson, disse ser normal que os documentos finais contenham reservas. "Cada um quer que se fale de si mesmo, mas a conferência tem de falar pelo todo", afirmou.

BALANÇO

Na semana que se seguiu à conferência, os atentados ocorridos nos EUA tomaram conta do noticiário internacional, deixando pouco espaço para as repercussões sobre os resultados de Durban. Após o dia 11 de setembro, o volume de matérias sobre a Conferência ou os temas debatidos em Durban diminuiu sensivelmente, e o tom das várias matérias publicadas pela imprensa monitorada decretou o fracasso da conferência de Durban.

Nas reportagens que apresentaram comentários e repercussões sobre a Conferência, algumas das expressões mais recorrentes foram "conferência marcada pela intolerância", "oportunidade perdida", "decepcionante" e "desapontador". Segundo a imprensa monitorada, estas duas últimas foram as palavras mais ouvidas no último dia da Conferência.

Povos indígenas:

Foi decepcionante, por exemplo, para os indígenas. Eles queriam ser citados sob a denominação "povos indígenas". A expressão foi aprovada, porém atrelada a um parágrafo indicando que a expressão não tem nenhum significado no direito internacional.

Homossexuais:

O resultado foi desapontador também para os homossexuais, que enfrentaram a intolerância de países islâmicos e não foram incluídos entre vítimas da discriminação. Essa era uma das propostas do Brasil, mas foi rejeitada.

Migrantes:

O texto pede a todos os Estados para revisarem políticas de imigração que não estejam de acordo com as declarações internacionais dos direitos humanos, a fim de eliminar todas as práticas discriminatórias contra os migrantes.

Em algumas questões, poucos ou nenhum avanço

"Faltou preparo de todas as pessoas envolvidas. Não houve avanço em quase nada, muito do que foi dito aqui já está na Declaração dos Direitos Humanos. Faltaram medidas concretas", afirmou à *Folha* Ravi Nair, professor da Universidade de Iowa, nos Estados Unidos. Para Nair, a questão do Oriente Médio deveria ter sido tratada do ponto de vista dos direitos humanos, com uma menção à situação dos palestinos. "Mas o que houve foi um embate político, com países lutando como cães e gatos", disse ele.

Destaques na imprensa

Nesse período, os principais assuntos noticiados e debatidos nos jornais e revistas em relação à conferência foram:

- Benedita da Silva comenta avanços para mulheres e crianças (*Globo*, 9/9)

Na opinião da vice-governadora do Rio de Janeiro, Benedita da Silva (PT), a Conferência de Durban garantiu um importante avanço para as questões da mulher e das crianças no mundo, tendo obtido consenso em relação a parágrafos estratégicos que condenam as práticas de racismo e a discriminação contra esses grupos.

"A partir de agora, mulheres e crianças em todo o mundo contam com mais um apoio internacional para pôr fim à violência sexual, ao abuso físico e emocional, ou a qualquer tipo de discriminação de gênero e etnia que afetem, de forma direta ou indireta, o seu desenvolvimento econômico, social e educacional", afirmou Benedita, que esteve presente em Durban.

"Os países ratificaram todas as convenções de direitos humanos já realizadas desde 1948, incluindo a Convenção das Nações Unidas contra o Crime Organizado Transnacional e o Protocolo para Prevenção, Repressão e Punição do Tráfico de Pessoas, em especial de mulheres e de crianças. Ao chamar a atenção do planeta para estes grupos, a ONU propõe um novo olhar para velhos problemas que afetam, simultaneamente, negros, indígenas, imigrantes, refugiados ou qualquer outra condição de exclusão", escreveu a vice-governadora.

. Assessora de Bush critica Conferência (*Globo*, 10/9)

Mulher, negra e assessora influente do presidente norte-americano George W. Bush, a secretária de Segurança Nacional dos EUA, Condoleezza Rice, criticou a Conferência Mundial contra o Racismo. Em sua opinião, o encontro discutiu muito o passado e evitou os problemas atuais dos negros.

"Eu esperava que o encontro fosse se dedicar a discutir como lidar com o racismo hoje. Esperava que pensássemos em como educar as crianças negras, especialmente as que vivem na miséria".

Para ela, os negros dos EUA não devem receber indenizações pela herança escravagista: "É melhor olharmos para a frente em vez de apontar culpados no passado. Muitos países africanos queriam reparações por quase quatro séculos de escravidão, e a declaração final da Conferência ficou restrita a essa demanda".

. Para colunista, cotas levariam à americanização do Brasil (*Estadão*, 10/9)

Para o norte-americano Matthew Shirts, colunista do *Estadão*, a instituição do sistema de cotas para alunos negros nas universidades, que segue o modelo americano de "ação afirmativa", será um grande passo no caminho da americanização do Brasil.

"Cotas raciais vão na contramão da tradição brasileira, estimulando uma definição racial mais nítida. É preciso determinar a cor de cada aluno em potencial para saber quem deve ser beneficiado pela ação afirmativa. (...) Seria uma pena o Brasil abrir mão de sua rica história de pensamento racial em prol de uma solução americana - um dos países mais racistas da história", escreveu Shirts, para quem o grande problema do Brasil não é o racismo, mas a miséria.

- Governo pretende ampliar ações afirmativas (*JB*, 11/9)

Segundo a reportagem do *JB*, "depois do fracasso da Conferência contra o Racismo", o governo brasileiro está buscando alternativas às propostas que não foram aprovadas no encontro por falta de entendimento entre os países.

Em reunião entre o secretário-geral da Presidência, Aloysio Nunes Ferreira, o deputado federal Paulo Paim (PT-RS) e os ministros José Gregori (Justiça) e Francisco Weffort (Cultura), o governo decidiu encampar a criação de cotas para garantir o acesso da população negra ao serviço público e nas universidades, além do pagamento de indenização aos descendentes de escravos através de "políticas compensatórias".

- FHC diz que participação do Brasil impediu fracasso em Durban (*Globo*, 11/9)

De acordo com matéria do *Globo*, o presidente Fernando Henrique Cardoso comemorou os resultados da Conferência de Durban e afirmou que a participação brasileira foi importante para impedir o fracasso do encontro.

Por meio do porta-voz Georges Lamazière, o presidente destacou que, juntamente com outros países da América Latina, como México e Chile, o Brasil conseguiu importantes resultados na Conferência, graças a sua atuação diplomática.

"O presidente considera que a Conferência foi muito importante para despertar uma consciência crítica sobre o racismo e considera que a contribuição brasileira foi muito construtiva e permitiu evitar a possibilidade de um fracasso da Conferência", declarou o porta-voz.

Fernando Henrique destacou, ainda, que foram registrados inegáveis avanços, em especial em questões relativas a afrodescendentes e indígenas. Segundo o presidente, as conclusões da Conferência serão absorvidas pelo Brasil.

- *Veja* diz que conferência fracassou (*Veja*, 12/9)

Em reportagem de quatro páginas, a revista *Veja* decretou o "fracasso da Conferência de Durban". Segundo o repórter Eduardo Salgado, "a Conferência sobre racismo organizada pelas Nações Unidas em Durban, na África do Sul, cuja missão era promover a harmonia global, degenerou na semana passada numa algaravia de insultos".

- Resultados de Durban dependerão da continuidade dos trabalhos (*IstoÉ*, 12/9)

Na avaliação de Kátia Mello, repórter da revista enviada a Durban, a Conferência "revelou-se um caldeirão de polêmicas e ficou refém de um conflito regional".

A repórter ressaltou que "megaeventos como essa Conferência contra o racismo têm a fama de realizar mais *marketing* do que obter resultados concretos. O que sairá desse caldeirão dependerá da continuidade do trabalho dos governos e das organizações que por aqui passaram".

- Articulista de *Veja* diz que Brasil não quer ver o racismo (*Veja*, 12/9)

Em seu ensaio, Roberto Pompeu de Toledo discute a adoção de políticas afirmativas, reconhecendo a complexidade da questão da classificação racial no Brasil, mas afirmando que isso não deve servir de argumento para a inação.

"Como definir quem é negro? Trata-se de objeção cujo efeito é nada menos do que fazer parar tudo. Se não se sabe quem é negro, como promover os negros? O argumento é o segundo melhor para justificar a inação nesse assunto. O primeiro é negar que haja discriminação racial no Brasil", escreveu Toledo.

Para o ensaísta de *Veja*, esses dois argumentos "têm exibido fôlego, ao longo da história do Brasil, mas a verdade é que se apresentam enfraquecidos. No que se refere à negação da discriminação racial, não bastassem as evidências que saltam à vista, há um arsenal de dados, do IBGE, do Ipea ou da Fundação Seade, de São Paulo, que provam o contrário".

"Quanto ao problema de classificar quem é negro no Brasil, já se reconheceu que a questão tem mesmo sua complexidade, mas o curioso é que, na hora de discriminar, as dificuldades desaparecem", lembra Pompeu. "Passada a onda ocasionada pela conferência de Durban, o assunto desaparecerá dos meios de comunicação e a experiência indica que se voltará à letargia de sempre. A verdade é que a sociedade brasileira não se escandaliza, diante desse problema, como se escandaliza, por exemplo, com a corrupção. A explicação para isso talvez esteja no fato de a corrupção, no imaginário popular, ocupar um lugar preciso e distante: o lado de lá, dos outros, dos odiados políticos. Já a discriminação, forçoso é reconhecer, está do lado de cá, bem no meio de todo mundo, e é sempre doloroso encarar as próprias feridas. Se a sociedade não se escandaliza, não se mobiliza. E assim vamos nós no rumo de sempre. O rumo do nada."

. Artistas negros criticam o sistema de cotas (*JB*, 13/9)

Reportagem do *JB* informa que, enquanto o governo declara apoiar políticas de cotas para negros em universidades e empregos públicos, nem toda a comunidade negra concorda com essa proposta. Segundo apurou a reportagem, na cerimônia de instalação da Comissão Especial de Igualdade Racial, políticos, artistas e ativistas negros criticaram a idéia.

A comissão foi criada pelo governo e pela Câmara de Deputados para elaborar uma lei de combate à desigualdade racial no país, que terá como base de negociação o Estatuto do Negro, projeto apresentado pelo deputado Paulo Paim (PT-RS) há um ano.

Os atores Milton Gonçalves, Chica Xavier e Antônio Pitanga participaram da reunião. Os três são signatários do Manifesto de Recife, uma crítica à baixa participação de negros – menos de 10%, em novelas e séries de TV. Mesmo assim, não acham que as cotas obrigatórias sejam o melhor caminho para corrigir a distorção. O projeto de Paim reserva para atores negros 25% das vagas em elencos de novela e 40% nos comerciais.

"Quando se particulariza, perde-se a substância. Se a cota é 25%, porque não 50% ou 75%?", critica Milton Gonçalves, que defende que "fundamental é a educação básica. Nós não temos, principalmente, acesso à educação".

Conclusão

A prática da Comunicação para nós, agentes de transformação social, deve ser uma ação cotidiana que requer, para que tenhamos um conteúdo real, atitudes precedidas por ações racionais, apoiadas por instrumentos metodológicos adequados, sem nos limitarmos simplesmente à intuição e ao uso de alguns princípios elementares. Dessa forma, o desenvolvimento de políticas e estratégias de comunicação nos movimentos sociais são instrumentos essenciais para se atuar com eficiência nesse contexto.

Isso implica atuar estrategicamente num contexto adverso, mas sem maniqueísmo, reconhecendo, conforme nos mostra o resultado desse projeto, que a imprensa não é um bloco monolítico, e os discursos jornalísticos são construídos por pessoas (mal) formadas por valores de uma sociedade branca, masculina e heterossexual.

Produzir o contra-discurso, promover o intercâmbio de valores sociais, reafirmar a identidade de toda uma população excluída "do meio e do ambiente" representa um dos grandes desafios sociais frente a essa nova era da informação.

E o seminário gerou sua cria

Iradj Roberto Eghrari

"Eu sou invisível. Entenda, simplesmente porque as pessoas recusam-se a me ver. Como as cabeças sem corpos que às vezes se vêem em exibições circenses. É como se eu estivesse rodeado de espelhos feitos de vidros grossos, distorcidos. Quando eles se aproximam de mim, vêem somente o que está a minha volta, suas próprias invenções e imaginações. Tudo e qualquer coisa, menos a mim".

(Ralph Ellison, em "O Homem Invisível")

No ano 2000, o processo preparatório rumo à Conferência Mundial contra o Racismo que viria a ocorrer em setembro de 2001 na África do Sul começou a ganhar ímpeto. A sociedade civil brasileira, em um esforço concentrado para levar a amplo debate as questões das desigualdades raciais que assolam o nosso país, teve êxito em mobilizar grandes parcelas daqueles já envolvidos no debate dos direitos humanos. Porém, uma muralha quase intransponível encontrava-se firmemente estabelecida, separando as organizações da sociedade civil e os defensores dos direitos humanos, de um lado, e, do outro, a sociedade como um todo, que não participava do debate e não tinha nenhum acesso às informações sobre desigualdades raciais que pouco a pouco eram reveladas.

Em setembro de 2000, o Instituto de Pesquisas Econômicas Aplicadas (IPEA), órgão do governo federal, divulgou, pela primeira vez, dados estatísticos preocupantes sobre as desigualdades raciais no Brasil; muito mais do que aquilo que vemos nas ruas, praças, locais de trabalho, como fruto da discriminação racial brasileira.

Sempre soubemos que o negro no Brasil não ocupava cargos de direção ou gerência, mas ficava sempre limitado a posições de menor remuneração no mercado de trabalho. "A questão é social e não racial" é o que sempre ouvíamos. "Trata-se de uma herança da época da escravatura e o negro não teve a oportunidade de crescer na sociedade. Não é uma questão de racismo, mas de falta de oportunidades de crescimento para a população pobre" é outra das argumentações que sempre tomamos como natural.

> Entre profissionais liberais com a mesma formação e mesmo nível socioeconômico, cabe aos negros uma remuneração 20% menor do que à média dos brancos.

Porém, o IPEA rompeu esse modelo mental trazendo um dado estatístico que demonstrava que, entre profissionais liberais com a mesma formação e mesmo nível socioeconômico, morando e trabalhando em condições muito similares, apenas tendo como diferencial o quesito cor da pele, aos negros cabia uma remuneração 20% menor do que à média dos brancos. Esta não era uma questão social, nem uma questão de falta de oportunidades: o diferencial salarial entre esses dois grupamentos somente poderia ser atribuído a puro racismo. E todos se perguntavam por que a mídia não dava visibilidade a essas revelações. Por que a mídia historicamente nunca deu visibilidade às desigualdades raciais que temos no Brasil, ainda que pesquisa após pesquisa fosse sendo divulgada naquele ano para conhecimento de toda a população brasileira? Por que a mídia investigativa não buscou esmiuçar as desigualdades raciais no campo do trabalho, da educação, da saúde? Por que não denunciou isso?

Por outro lado, se as estatísticas apresentadas pelo IBGE em 2000 mostraram que pretos e pardos, somados, constituem cerca de 45% da população brasileira, por que, na televisão, no teatro, no cinema, nas novelas, na publicidade, o negro simplesmente é invisibilizado? No Congresso Nacional, um projeto de lei que propõe um sistema de cotas para uma participação mais ativa da população negra brasileira nesses meios de comunicação já era objeto de debate no início de 2001, e mesmo assim a mídia não se preocupava em dar visibilidade a essa questão. Por quê?

A idéia do debate

Tudo isso levou três organizações da sociedade civil – o Geledés, Instituto da Mulher Negra, de São Paulo/SP, o Escritório Nacional Zumbi dos Palmares e a Comunidade Bahá'í do Brasil – a proporem à Comissão de Direitos Humanos da Câmara Federal a promoção de um debate com a mídia sobre esse seu silêncio. E não queríamos que o debate se restringisse à Câmara Federal. Através da TV Câmara queríamos dar ampla visibilidade à questão, para que ao menos através da mídia oficial brasileiros em todos os estados do país pudessem acompanhar o questionamento que seria levantado. Montou-se então um seminário que trouxe

> As denúncias de crimes raciais que ocorrem, por exemplo, nos Estados Unidos, têm uma repercussão muito maior na mídia brasileira do que casos locais.

jornalistas, publicitários, pesquisadores do campo da televisão, parlamentares e membros de organizações da sociedade civil para levantar o debate sobre o silêncio da mídia no momento em que nos encontrávamos a menos de seis meses da realização da Conferência Mundial contra o Racismo, e quando quase nada era debatido, na mídia, a respeito das desigualdades raciais no Brasil.

O racismo estrutural, aquele que perpassa as instituições, a cultura, as relações individuais, as relações pessoais, tinha que ser tratado de uma maneira profunda. O silêncio da mídia nada mais era do que um reflexo da própria idéia que a sociedade brasileira tem sobre o racismo no Brasil. Um outro aspecto que também mereceria atenção nesse debate é a negativa da mídia em denunciar os crimes raciais que se praticam no Brasil. Há leis claras que consideram crime o racismo, situações de discriminação racial são levadas ao conhecimento da mídia, porém esta não dá a devida importância e repercussão aos fatos. É interessante notar que as denúncias de crimes raciais que ocorrem, por exemplo, nos Estados Unidos têm uma repercussão muito maior na mídia brasileira do que casos locais. Este é mais um reflexo da visão equivocada da sociedade brasileira de que não há racismo no Brasil e sim fora dele. Nossos jornalistas, na verdade, refletem o pensamento enganoso da democracia racial.

O seminário

O seminário Racismo na Mídia: Verdades e Mentiras foi realizado em agosto de 2001 na Câmara Federal contando com a participação, como debatedores, de Alexandre Paes, publicitário, Rachell Moreno, presidente da Sociedade Brasileira de Pesquisas de Mercado e membro do grupo Tver, Dad Squarisi, jornalista-editora do *Correio Braziliense*, Bernardo Ajzemberg, *ombudsman* da *Folha de S. Paulo*, Ricardo Mendes, jornalista da Rede Bahia associada à Rede Globo, Antônia Quintão, pesquisadora do Geledés, Deputados Nelson Pellegrino, Luís Alberto e Paulo Paim. Maria Aparecida da Silva, do Geledés, e Iradj Roberto Eghrari da Comunidade Bahá'í do Brasil foram os mediadores do debate. Destacamos, a seguir, algumas das colocações dos diferentes debatedores para que tenhamos uma percepção da profundidade dos temas apresentados.

> Quando falamos da invisibilidade dos negros, estamos falando de um conflito não explícito entre o modo como a propaganda é feita, em função do seu retorno econômico, e a função social dessa propaganda.

"Quando falamos da invisibilidade dos negros nos meios de comunicação, especificamente da propaganda, estamos falando de um conflito não explícito, mas que existe, entre o modo como a propaganda é feita, em função do seu retorno econômico, e a função social dessa propaganda quando ela é apresentada. Há coisas que precisam ser transformadas e precisamos nos posicionar adequadamente para saber onde, eventualmente, pressionar para poder mudar. Quando um segmento do mercado consumidor, seja ele qual for, garante um retorno econômico para o anunciante, ele vai retratar este segmento. Acontece que, paralelamente a isto, está começando a haver um movimento no sentido das empresas falarem da sua própria responsabilidade social. As empresas dizem que o consumidor deveria privilegiar a empresa com responsabilidade social. É possível que nós também sejamos capazes de pressionar no sentido de fazer essas empresas de responsabilidade social pensarem que refletir a pluralidade que existe na sociedade na sua propaganda também seria um índice de responsabilidade social. Com isso nós teríamos, provavelmente, mais espaço para nos vermos refletidos na televisão." (Rachell Moreno)

"Até agora sempre existiu um falso conceito de que o poder aquisitivo do negro é inferior ao de outros. Isso sempre implicou a escolha de modelos e estereótipos brancos para serem trabalhados na propaganda. É preciso realmente encontrar soluções, é preciso trabalhar, principalmente, com os profissionais de mídia, porque são eles que manipulam a informação que recebemos. É educando esses profissionais que vamos ter um resultado mais rápido e eficaz." (Alexandre Paes)

"Quando eu apresentei o projeto de criação de cotas para negros na publicidade, cinema, teatro e televisão, eu não estava preocupado somente com o mercado dos artistas negros, seja no teatro, nos filmes ou nas peças publicitárias. Estou muito mais preocupado com a importância de elevar a auto-estima da comunidade negra quando ela olhar a televisão e ver um mocinho negro. Estou muito mais preocupado com a auto-estima da criança negra quando ela olhar para a televisão e ver uma apresentadora negra. Estou muito mais preocupado quando a criança negra olhar para televisão e ver um filme de ficção e ver uma fada negra. Para mim o problema é muito mais educativo do que somente do mercado de trabalho."(Deputado Federal Paulo Paim)

> A imprensa não inventa ou não deveria inventar. Na verdade, ela reflete a sociedade como se fosse um espelho. Se a sociedade for racista, aparecerá uma imagem racista.

"Para falar do racismo na mídia, o primeiro passo é falar do racismo na sociedade. E a razão é simples: a imprensa não inventa ou não deveria inventar. Ela, na verdade, reflete a sociedade como se fosse um espelho. Se a sociedade for racista, aparecerá uma imagem racista. Às vezes meio embaçada como nós, mas a marca estará lá, com certeza. A imprensa também reproduz, quase sem questionar, a fala de personagens impregnadas de preconceito. O que a imprensa deve fazer? Omitir a notícia? Com certeza não. Mas chamar a atenção sobre ela. Ouvir sociólogos, mostrar o que é politicamente incorreto." (Dad Squarisi)

"A discussão de mídia impressa e racismo deve ser levada de duas maneiras. A primeira implica adotar a transparência. Isso significa que a imprensa deve colocar a discussão abertamente, assumir os seus próprios erros quando eles ocorrem e, nesse sentido, cumprir um dos papéis mais importantes da imprensa, que é justamente refletir a discussão que ocorre. E não só refletir, mas estimular a discussão que ocorre na sociedade em relação a qualquer tema, e obviamente também em relação ao racismo. A segunda é, por meio de reportagens ou pesquisas, refletir a realidade, procurando onde está, em termos bastante concretos, a expressão dos problemas que estão sendo debatidos. Um seminário como este aqui, e eu já sinto isso na própria carne, faz com que a imprensa como um todo retome internamente discussões sobre esse aspecto do racismo." (Bernardo Ajzemberg)

"A televisão, considerada a janela para a nossa realidade cotidiana, continua negando às mulheres negras a sua história. Nega às mulheres negras a sua cultura, os seus desejos, os seus sentimentos, nega às mulheres negras a sua estética, comprometendo a construção da nossa identidade étnica e a construção da nossa auto-estima. Quando a mulher negra aparece, o que prevalece é a imagem da negra serviçal ou supersticiosa, a negra oportunista, estúpida, lasciva, sedutora, permissiva. Todos esses estereótipos provocam uma sensação de impotência diante de imagens que nos apresentam como seres inferiores e quase desprovidos de qualidades humanas. As redes de televisão não colaboram para criar a auto-estima ou o orgulho de ser negra, sentimentos fundamentais para a construção de uma identidade." (Antônia Quintão)

"Devemos, de alguma forma, promover a discussão na formação do jornalista, dentro da universidade, onde se dá o processo de socialização mais importante, com o qual ele vai criar seus valores profissionais. Seria fundamental que conseguíssemos interferir nesse processo, criando uma consciência da realidade negra já nesse momento, e não apenas discutindo com os profissionais posteriormente." (Ricardo Mendes)

Ao final do seminário foi aprovado um manifesto, que transcrevemos abaixo, e que traz a síntese dos debates que lá ocorreram.

Manifesto do Seminário Racismo na Mídia: Verdades e Mentiras

Nós, abaixo assinados, deputados federais, jornalistas, publicitários, pesquisadores e representantes de organizações não-governamentais promotoras deste seminário, apresentamos, a seguir, um conjunto de proposições resultantes das discussões desse evento, que antecedeu a realização da Conferência Mundial contra o Racismo, Discriminação Racial, Xenofobia e Formas de Intolerância Correlatas, que ora ocorre na África do Sul. Acreditamos que a mídia brasileira, e a sociedade civil organizada, ao se esforçarem por colocar em prática as proposições aqui apresentadas, colaborarão de forma decisiva no combate ao racismo em nosso país.

Há uma necessidade urgente de treinamento, capacitação e educação dos profissionais de mídia para melhor darem cobertura a temas sociais, principalmente à questão da discriminação racial no Brasil. Para tal, propomos a promoção de discussões sobre a questão racial dentro das faculdades de comunicação em todo o país, para uma maior socialização da temática.

. Propomos a realização de uma campanha nacional, junto às agências de publicidade, para que reconheçam e se conscientizem do seu papel fundamental na luta contra o racismo, através da colocação de peças publicitárias onde a diversidade racial brasileira sempre seja representada.

. Declaramos a fundamental importância de discussão, votação, aprovação e execução, em caráter de urgência, para os projetos no âmbito federal que tratam de temas relacionados à questão do racismo, à reparação e afirmação da população negra, bem como assistência especial, sanando as suas necessidades.

. Convocamos as organizações da sociedade civil para iniciarem gestões junto a empresas públicas e privadas que assumem o seu papel social, para contribuírem nesse processo de ação direcionada a dar visibilidade à pluralidade que existe na sociedade brasileira nas propagandas que veiculam na televisão e na forma impressa.

. Da mesma forma convocamos toda a população a não medir esforços para pressionar as estações de televisão, detentoras que são de concessão pública, para, dentro de sua responsabilidade social, promoverem a pluralidade da sociedade brasileira em sua programação, seja através da participação de profissionais negros nos seus telejornais, programas de auditório, telenovelas, e outros. E solicitamos ao governo que reveja a sua política de concessão à luz da conduta e comprometimento das emissoras referente à sua responsabilidade social.

. Destacamos o papel fundamental da Associação Nacional de Jornais – ANJ, da Associação Nacional de Editores de Revistas - ANER, para que mobilizem os seus associados na luta contra a discriminação racial e racismo, estimulando a todos a adotarem manuais de redação nos quais seja explicitado o uso correto do vernáculo, para que expressões racistas ou que incitem à discriminação racial não sejam utilizadas em suas publicações.

. Convocamos a mídia brasileira a se colocar em uma posição de maior cobrança junto às autoridades governamentais, seja no plano municipal, estadual ou federal, sempre que estas recorram ao uso de expressões que incitam ao racismo e à discriminação racial.

. Convocamos a mídia brasileira a adotar uma postura de maior transparência, reconhecendo os seus erros quando veicula matérias ou informações de cunho racista e incitadores à discriminação racial, principalmente através da designação de um *Ombudsman* para cada um desses veículos.

> Estou preocupado com a
> auto-estima da criança
> negra quando ela olhar
> para a televisão e ver uma
> apresentadora negra, uma
> fada negra.

- Convocamos a mídia brasileira para que, através de reportagens ou pesquisas, reflita a realidade do racismo no Brasil, dando visibilidade a matérias de destaque onde se encontram desafios de reparação da discriminação racial em nosso país.

- Estimulamos o jornal *Folha de S. Paulo* para que realize uma nova pesquisa nos moldes do caderno "Racismo cordial", publicado em 25 de junho de 1995, para que façam uma comparação da situação da discriminação racial no país hoje com a situação de há quase uma década.

- Incentivamos os veículos de mídia a realizarem seminários internos em suas organizações de forma a capacitarem os seus profissionais a uma melhor cobertura das questões sociais no Brasil, com especial destaque à questão racial.

- Destacamos a importância da realização de encontros locais, regionais e nacionais entre lideranças de movimentos sociais e jornalistas para que se possa harmonizar a linguagem de modo que ambos os lados discutam suas necessidades e limitações.

- Convocamos o governo federal a iniciar campanhas de informação pública que promovam o respeito ao valor da diversidade, do pluralismo, da tolerância, do respeito mútuo, da sensibilidade cultural, da integração e da inclusão, sempre considerando a perspectiva de gênero, disseminando informação sobre os meios disponíveis para pedir a reparação para vítimas de ato de racismo, discriminação racial e outros.

- Urge que o governo federal encontre meios para incentivar os veículos de comunicação a desestimularem a formação de estereótipos e a fomentarem a descrição objetiva e equilibrada de acontecimentos, incluindo-se a informação sobre todo e qualquer delito racial.

- Por fim, convocamos todos os setores da sociedade para promover ações de combate ao racismo e à discriminação racial no Brasil. Que os meios de comunicação reconheçam o valor da diversidade cultural e tomem medidas concretas para garantir que as comunidades marginalizadas tenham acesso aos meios de comunicação.

Brasília, 6 de setembro de 2001.

Nelson Pellegrino, Deputado Federal
Luís Alberto da Silva, Deputado Federal
Paulo Paim, Deputado Federal
Alexandre Paes, Publicitário
Rachell Moreno, Psicóloga e pesquisadora
Dad Squarisi, Jornalista
Bernardo Ajzemberg, Jornalista
Antônia Quintão, Pesquisadora
Ricardo Mendes, Jornalista
Maria Aparecida da Silva, Presidente do Geledés - Instituto da Mulher Negra
Sérgio Martins, Escritório Nacional Zumbi dos Palmares
Iradj Roberto Eghrari, Comunidade Bahá'í do Brasil.

E o seminário de Brasília gerou sua cria: um outro evento, com a mesma temática, desta vez no Rio de Janeiro, para aprofundar ainda mais o debate sobre mídia e racismo. Graças à determinação e constância de Silvia Ramos, o evento foi realizado em tempo recorde, e ainda antes da Conferência Mundial contra o Racismo. E o resultado está aqui, nesta publicação, para ser conferido pela posteridade.

> Devemos, de alguma forma, promover a discussão na formação do jornalista, dentro da universidade, onde ele vai criar seus valores profissionais.

participações musicais : afro reggae : jussara silveira : nara gil : zezé mota

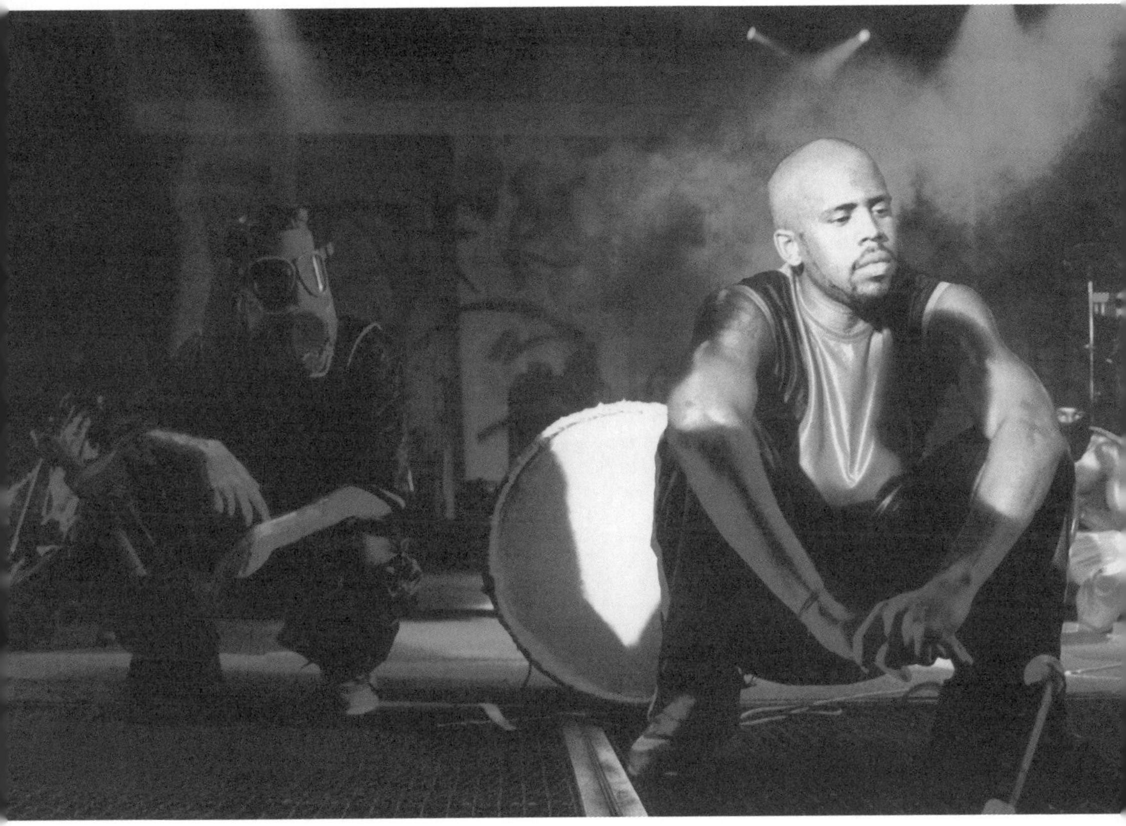

Afro Reggae

É um prazer estar no Seminário Mídia e Racismo, apresentando um pedaço do espetáculo Nova Cara. Nós somos a banda Afro Reggae da comunidade de Vigário Geral, uma favela do Rio de Janeiro, que já foi considerada uma das mais violentas da cidade. Estamos aqui para mostrar, através da música e da cultura, que nas favelas existem coisas boas.

tô bolado

letra Ando . Cb Jorge . Dinho

música Ando . LG . Demétrius . Claudio Radikal . Altair . Cleber

Eu tô bolado ...

em vigário geral só morreu trabalhador
29 de agosto mataram a minha gente

Eu tô bolado ...

21 moradores assassinados
pelo ódio e a violência de policiais vingadores

Eu tô bolado ...

essa crueldade aconteceu porque
no dia anterior traficantes mataram 4 policiais

Eu tô bolado ...

o caminho certo é o caminho da sorte
o caminho errado pode te levar a morte

Eu tô bolado ...

sou de vigário disso me orgulho
amo minha comunidade

Eu tô bolado ...

não entendo este mundo me disseram
que a polícia é um órgão existente a proteger
o cidadão mas o que já foi relatado é
o contrário, a proteção aqui não houve
houve sim a covardia, burrice, deslealdade,
insolência e falta de caráter e não existem
palavras no mundo para esta atitude imbecil

Eu tô bolado ...

O Afro Reggae sente-se orgulhoso, hoje, de ter o Grupo Cultural Afro Reggae, uma ONG que começou um trabalho na comunidade de Vigário Geral, há muitos anos atrás, e conseguiu tirar vários desses jovens, inclusive eu, do caminho da criminalidade. Alguns de nós aqui até já tivemos envolvimento com o tráfico de drogas, com muitas coisas ruins, e através do trabalho social do Afro Reggae hoje estamos mostrando que o jovem negro da favela pode dar certo. Queremos dar uma catucada nos governantes, no presidente, nos empresários, na sociedade, dizendo para investirem mais na sociedade, investirem mais no social das comunidades, porque nós somos o resultado disso. Esperamos que vocês também façam essa ação de investir socialmente na comunidade. Batalhem para isso porque assim nós conseguiremos tirar muitos jovens do caminho da criminalidade.

Existem muitas pessoas que criticam, que falam muito mal de pessoas como nós, como outros que estão aqui presentes, que moram em comunidades ou em locais que, infelizmente, não são favorecidos financeiramente. Mas existe uma coisa que é super-real para nós. Se eu chegar para o meu vizinho e pedir a ele: "Aí, meu irmão, dá para me emprestar um quilo de açúcar, amanhã eu te pago?" Na mesma hora escuto: "Tá aqui." Mas muitas dessas pessoas que falam mal de nós moram em outras localidades, não sei há quantos anos, e nem conhecem o vizinho do lado. Eu não estou aqui para falar mal dessas pessoas que dizem coisas negativas a nosso respeito, mas para mostrar a elas que eu sou totalmente ao contrário do que elas pensam. É isso que eu faço para mudar esse cenário.

Afro Reggae

letra
José Júnior
Juninho e
Cb Jorge

música
Altair
Ando
Cb Jorge
Cleber
Hermano
José Júnior
Juninho e
Paulo Negueba

capa de revista   :   :   :   :   :   :   :   :   :   :   :   :   :

Capa de revista
folha de jornal
o terror do Rio
Vigário Geral

bandi na parada
porrada na rua
baile dos amigos
mulherzinha nua

bruxo na favela
tiro e correria
presunto no valão
entre vigário e caxias

toc, toc, toc
martelo na mão
lápis no ouvido
de mais um vacilão

a explosão do Rio
chegou pra ficar
essa é a nova cara
tudo vai mudar

capa de revista
folha de jornal somos
afro reggae de vigário geral

essa é a nova era
esse é o novo estilo
de uma galera
que ninguém segura

dança, capoeira
tambores em fúria
funk, hip-hop, samba e
percussão
dread e adrenalina
pagode na esquina

www ponto emoção
tudo aqui é brother
tudo é sangue bom

shiva na favela
tocando nas vielas
mostrando a sua força
como aqui se espera

a explosão do rio
chegou pra ficar
essa é a nova cara
tudo vai mudar, vai mudar,
vai mudar ...

capa de revista
folha de jornal
somos afro reggae de
vigário geral

valeu !

Jussara Silveira

Vou apresentar a canção *Carapinha Dura*,
de um compositor angolano chamado Tetalano.

Carapinha dura

Negra de carapinha dura
Não estraga o teu cabelo, me jura (refrão)

faça tranças corridinhas
com miçangas a cair
carrapitos pequeninos
como aqueles que vovó fazia pra você
você é africana
tem beleza natural
vai mostrar pra todo mundo
essa tua carapinha
é o acabamento de uma obra sem igual
carapinha é o acabamento de uma obra sem igual
vovó deixou
você vai guardar
você não vai estragar aquilo que vovó deixou pra você
vovó deixou
você vai guardar
não vai estragar aquilo que vovó deixou pra você
Negra de carapinha dura
Não estraga o teu cabelo, me jura
Negra de carapinha dura
não estraga o teu cabelo me jura...

Nara Gil

Quero contar uma história que aconteceu essa semana no escritório onde eu trabalho. O *boy* do escritório, que é um cearense branco, na hora do almoço pediu um café para nossa copeira, negra, baiana, e disse brincando: "Negra, escrava, traga um cafezinho aqui pra gente." Ela falou: "Eu acho isso um absurdo, eu não gosto de lembrar dessa coisa de escrava, escrava." Ele respondeu: "Por que vocês negros têm mania de ficar lembrando disso, essa coisa de escravidão?" E ela falou: "Mas quem lembrou foi você." Então eu, que estava perto ouvindo essa história, falei: "Os judeus jamais esqueceram o holocausto, nós jamais esqueceremos a escravatura."

Agora eu vou cantar uma música do Caetano Veloso.

Dia 13 de maio em Santo Amaro

Na Praça do Mercado

Os pretos celebravam

(Talvez, hoje, ainda o façam)

O fim da escravidão

Da escravidão

O fim da escravidão

Tanta pindoba!

Lembro da aluá

Lembro da maniçoba

Foguete no ar

Pra saudar Izabel ô Izabel

Pra saudar Izabel

Zezé Mota

Pensei em cantar uma música junto com os meninos do Afro Reggae. Vamos fazer *No woman, no cry*.

não chore mais - *No woman, no cry*
(de B. Vincent Ford, versão de Gilberto Gil, 1977)

No woman, no cry (4 vezes)

Bem que eu me lembro
Da gente sentado ali,
Na grama do Aterro, sob o sol.
Ob-observando hipócritas
Disfarçados, rodando ao redor.

Amigos presos,
Amigos sumindo assim
Pra nunca mais.
Tais recordações,
Retratos do mal em si,
Melhor é deixar prá trás.

Não, não chore mais,
Não, não chore mais.

Bem que eu me lembro
Da gente sentado ali,
Na grama do Aterro, sob o céu.
Ob-observando estrelas
Junto à fogueirinha de papel.

Quentar o frio,
Requentar o pão
E comer com você.
Os pés, de manhã, pisar o chão,
Eu sei a barra de viver.

Mas, se Deus quiser,
Tudo, tudo, tudo vai dar pé
Tudo, tudo, tudo vai dar pé
Tudo, tudo, tudo vai dar pé
Tudo, tudo, tudo vai dar pé.

Não, não chore mais,
Não, não chore mais.

Menina, menina,

Não chore assim,
Não, não chore mais.

Ficha Técnica do Seminário Mídia e Racismo

Realizado no Auditório João Theotônio da Universidade Candido Mendes, Rio de Janeiro, RJ.

21 de agosto de 2001.

ORGANIZADORES

Centro de Estudos de Segurança e Cidadania da Universidade Candido Mendes
Vice-Governadoria do Estado do Rio de Janeiro
Criola
Geledés
Comunidade Bahá'í do Brasil
CACES
IBASE

PROGRAMA

Manhã

9h: Abertura

Candido Mendes (Reitor da UCAM)

Benedita da Silva (Vice-Governadora do Estado do Rio de Janeiro)

Carlos Moura (Presidente da Fundação Palmares)

Julita Lemgruber (Diretora do CESeC)

10h: A imprensa e o racismo

Coordenadora: Hildézia Medeiros (Vice-Governadoria do Estado do Rio de Janeiro)

Míriam Leitão (Jornalista – *O Globo*)

Eduardo Henrique Pereira de Oliveira (revista Afirma)

Bernardo Ajzenberg (*Ombudsman* da *Folha de S. Paulo*)

Sandra Almada (jornalista e professora)

Tarde

14h: TV, Cinema, Teatro e Dança

Coordenador: Iradj Eghrari (Comunidade Bahá'í)

Antônio Pitanga (ator)

Joel Zito Araújo (autor de *A Negação do Brasil*)

Carmen Luz (coreógrafa - Companhia Étnica de Dança e Teatro)

16h: Música, expressões étnicas e raciais
Coordenadora: Silvia Ramos (CESeC)
Liv Sovik (professora da ECO/UFRJ)
Rômulo Costa (Furacão 2000)
Leci Brandão (compositora e sambista)

18h: Show de encerramento
Apresentações musicais:
Afro Reggae
Jussara Silveira e Maurício Pacheco
Nara Gil
Zezé Mota

Participação especial
Leila Linhares, representante da CEPIA, organização não-governamental do Rio de Janeiro, que lançou o livro *As mulheres e a legislação contra o racismo*, quarto volume de uma série chamada *Traduzindo a Legislação com a Perspectiva de Gênero*, com artigos de vários colaboradores, entre os quais, Hédio Silva Júnior, Rosana Heringer, Jaqueline Pitangui e Jaqueline Herman.

QUEM É QUEM

Organização do Evento e Exposição dos Temas

Antônio Pitanga. Ator, participou do Cinema Novo e atua em cinema e televisão. Foi Secretário de Ação Social, Esporte e Lazer do Estado do Rio de Janeiro.

Átila Roque. Coordenador de Políticas Públicas e Globalização do IBASE (Instituto Brasileiro de Análises Sociais e Econômicas). Organizador, através do Observatório da Cidadania, do Diálogo para a Conferência Mundial contra o Racismo. Participou da organização do Seminário.

Benedita da Silva. Vice-governadora do Estado do Rio de Janeiro.

Bernardo Ajzenberg. Jornalista, *ombudsman* do jornal *Folha de S. Paulo*.

Candido Mendes. Reitor da Universidade Candido Mendes, membro do *Senior Board* do Conselho Internacional de Ciências Sociais da Unesco e da Academia Brasileira de Letras.

Carlos Moura. Presidente da Fundação Palmares.

Carmem Luz. Atriz, bailarina e coreógrafa. Fundadora e diretora da Companhia Étnica de Dança e Teatro.

Cláudia Ferreira. Fotógrafa e coordenadora executiva do CACES (Centro de Atividades Culturais, Econômicas e Sociais). Participou da organização do Seminário.

Doriam Borges. Estatístico do Centro de Estudos de Segurança e Cidadania da Universidade Candido Mendes.

Eduardo Henrique Pereira de Oliveira. Sociólogo, secretário executivo de Afirma Comunicação e Pesquisa, entidade responsável pela edição de Afirma, Revista Negra On Line.

Hildézia Medeiros. Coordenadora de Etnia, Gênero e Cidadania da Vice-Governadoria e fundadora do CACES (Centro de Atividades Econômicas e Sociais). Participou da organização do Seminário.

Iradj Eghrari. Secretário Nacional para Assuntos Externos da Comunidade Bahá'í do Brasil.

Joel Zito Araújo. Doutor em Comunicação, professor visitante da Universidade do

Texas, cineasta e diretor. Autor do documentário "A Negação do Brasil".

Julita Lemgruber. Diretora do Centro de Estudos de Segurança e Cidadania da Universidade Candido Mendes.

Leci Brandão. Compositora e cantora. Membro da Ala de Compositores da Escola de Samba Estação Primeira de Mangueira.

Liv Sovik. Doutora em Comunicação e professora da Escola de Comunicação da UFRJ.

Lúcia Xavier. Fundadora e coordenadora do grupo Criola – Organização de Mulheres Negras. Participou da organização do Seminário.

Marisa Sanematsu. Jornalista, mestre em Comunicação Social pela ECA/USP.

Míriam Leitão. Jornalista, articulista do jornal *O Globo* e apresentadora do programa *Painel* da Globo News.

Nilza Iraci. Comunicadora Social, coordenadora executiva do Geledés – Instituto da Mulher Negra e da Articulação de ONGs de Mulheres Negras Brasileiras.

Rômulo Costa. Produtor cultural, empresário e criador da Furacão 2000.

Rosana Heringer. Doutora em sociologia, professora da Universidade Candido Mendes e assessora da CEPIA (Cidadania, Estudo, Pesquisa, Informação e Ação). Participou da organização do Seminário.

Sandra Almada. Jornalista, professora da Universidade Estácio de Sá e colaboradora da Revista Raça.

Silvia Ramos. Coordenadora de Minorias e Cidadania do Centro de Estudos de Segurança e Cidadania da Universidade Candido Mendes.

Show de encerramento

Afro Reggae. A Banda Afro Reggae é um dos projetos da ONG Grupo Cultural Afro Reggae, criado em janeiro de 1993. A proposta do Afro Reggae é resgatar a cidadania dos jovens moradores das favelas, promovendo e fortalecendo a cultura negra e transformando a violência em música, dança, canto, arte e poesia.

Jussara Silveira. Cantora.

Maurício Pacheco. Compositor, instrumentista e produtor musical.

Nara Gil. Cantora, atriz e produtora cultural.

Zezé Mota. Atriz, cantora e militante do movimento negro.

SOBRE ESTA PUBLICAÇÃO

Este livro é formado por depoimentos e contribuições registradas no Seminário Mídia e Racismo, realizado na Universidade Candido Mendes em 21 de agosto de 2001. O evento, realizado uma semana antes da Conferência Mundial contra o Racismo, na África do Sul, teve um caráter também político e cultural, além de acadêmico. Os textos aqui apresentados foram editados de modo que as idéias dos seus autores ficassem tão claras para o leitor quanto as exposições orais o foram para os ouvintes.